Maren Lammers

Muttermale und Vaters Spuren

Ein Reiseführer für mutige Selbstentdecker

Maren Lammers

Muttermale und Vaters Spuren

Ein Reiseführer für mutige Selbstentdecker

BALANCE ratgeber

Maren Lammers
Muttermale und Vaters Spuren
Ein Reiseführer für mutige Selbstentdecker

1. Auflage 2020
ISBN 978-3-86739-178-8
ISBN eBook (PDF): 978-3-86739-185-6
ISBN eBook (ePub): 978-3-86739-186-3

Bibliografische Information der Deutschen Nationalbibliothek
Die Deutsche Nationalbibliothek verzeichnet diese Publikation in der Deutschen Nationalbibliografie; detaillierte bibliografische Daten sind im Internet über http://dnb.d-nb.de abrufbar.

Wenn Sie Erfahrungsberichte und fundierte Ratgeber
zur Gesundheit suchen, besuchen Sie unsere Homepage:
www.balance-verlag.de

Lektorat: Tobias Gaudin, Gießen
Illustrationen: Till Runkel, www.tillustration.de, Potsdam
Umschlagkonzeption und Umschlaggestaltung: GRAFIKSCHMITZ, Köln,
unter Verwendung eines Bildes von Maren Lammers
Typografiekonzeption und Satz: Iga Bielejec, Nierstein
Druck und Bindung: Westermann Druck Zwickau

Ein großes Dankeschön an die Menschen, die mich mit Vertrauen und oft viel eigenem Mut unterstützt haben. Erst durch die vielen persönlichen Geschichten, Bilder, Gedanken und Ideen konnte dieses Buch entstehen.

Sucht man im Internet nach dem Begriff »Schicksal« (»fate«), erhält man 578 Millionen Ergebnisse. Entziehen sich die meisten Dinge, vor allem unsere großen Lebensentscheidungen, wirklich unserer Macht? Oder gehören wir eher zu diesen Dingen und beeinflussen das, was uns passiert? Aus psychologischer Sicht haben wir einen Teil von uns nicht aktiv selbst mitgestaltet, sondern sind damit groß geworden. Dazu gehören unsere Kindheit und Auszüge unserer Biografie. Denn eines haben wir alle gemeinsam: diese innere Landkarte, mit der wir uns den täglichen kleinen und großen Herausforderungen stellen. Das haben und machen auch die Menschen, die in den vielen Beispielen im Buch dargestellt sind. Ihre Namen sind frei ausgedacht und -gewählt. Etwaige Ähnlichkeiten sind unbeabsichtigt, wenngleich Sie vielleicht sehr ähnliche Geschichten erlebt haben oder erleben.

Ab wann gestalten wir die innere Landkarte mit? Haben wir wirklich Willensfreiheit? Dies sind einige der großen Fragen, die in Therapien auftauchen. Doch auch in Gesprächen mit anderen Menschen nähern wir uns diesen Fragen, wenn wir beispielsweise berichten, was uns gerade »Unglaubliches« im Alltag oder mit anderen passiert ist. Manchmal stellt uns das Leben vor große Herausforderungen und wir müssen entscheiden, ob wir uns ihnen stellen, an ihnen wachsen und uns weiterentwickeln. Oft suchen wir selbst uns solche Entwicklungsaufgaben, beispielsweise indem wir eine Familie gründen oder im Zuge einer neuen Arbeit in eine andere Stadt ziehen. Diesen Veränderungen begegnen wir aus unserer Sicht völlig absichtsfrei und scheinbar unvoreingenommen. Tauchen dann Hindernisse auf, nehmen wir sie meist als Ablenkungen wahr, als Blockaden, die uns daran hindern, frei zu sein. Dann können wir bemerken, dass uns die Auseinandersetzung mit unseren Wurzeln hilft, Gründe oder Erklärungen dafür zu finden, womit wir uns leicht- oder schwertun. »Unglaubliches« passiert bei jedem von uns auf einer anderen inneren Landkarte.

Auch Therapeuten[1] passiert manchmal »Unglaubliches«. Deshalb möchte ich Ihnen hier von einem persönlichen »unglaublichen Erlebnis« erzählen:

1 An dieser Stelle möchte ich darauf aufmerksam machen, dass ich zwischen der weiblichen und männlichen Person wechseln werde. Keineswegs ist damit ein anderes Geschlecht ausgeschlossen, sondern sehr wohl auch angesprochen und herzlich eingeladen.

Mutter zu werden und zu sein ist wirklich etwas Schönes. Eines Tages stand mein Kind vor dem Spiegel, gerade zwei Jahre alt, und freute sich über die Entdeckung eines winzigen Muttermales. »Schau mal, Mama, ein Leberfleck, genau wie du.« Wir waren begeistert. Da verband uns etwas sichtbar, und das war mehr als nur der Moment der Freude. Wir verglichen den kaum erkennbaren Fleck mit meinen Muttermalen. Ich hatte gelesen, dass Muttermale in dem Alter natürlich noch wachsen und sich verändern, aber auch wieder ganz verschwinden können. Und ich musste natürlich an meine eigenen Muttermale denken, erst an die äußeren und dann an die Spuren auf meiner inneren Landkarte. Es sind mehr geworden, doch ist dafür meine Mutter verantwortlich? Tatsächlich habe ich die äußeren Spuren auf der Haut von meinem Vater. Doch natürlich hat auch er innere Spuren hinterlassen. Prägen Geschwister uns auch, selbst wenn sie jünger sind? Und welche Spuren und Male hinterlassen wir im Leben oder bei Menschen allgemein? Was bringt das Leben so mit? Haben wir unser Kind gut ausgerüstet? Können wir nicht nur das mitgeben und tun, was wir selbst erfahren und mit auf den Weg bekommen haben? Oder unterscheiden wir uns doch von unseren Eltern? Gehen wir deshalb die eigenen und oft auch ganz andere Wege? Das sind die Fragen, die dann im Leben auftauchen, wenn wir einen neuen Weg gehen, unsere Gesundheit schützen wollen oder uns entscheiden müssen, uns auf Entwicklungen, neue Rollen, Beziehungen oder auch auf das Hier und Jetzt, den Alltag, einzulassen. Bis über das Versterben hinaus findet Biografie statt.

Gelegentlich brauchen wir dafür einen Therapeuten, manchmal unterstützt aber auch ein Buch wie dieses. Lassen Sie sich bei der Auseinandersetzung begleiten. Vielleicht regt es Sie auch an, in guten Momenten nachzudenken, ob Sie Ihr Boot gut auf dem Ozean des Lebens mithilfe Ihres inneren Atlas navigieren. Es muss ja nicht immer ein Notfall bestehen, um etwas zu reflektieren oder zu verändern. Manchmal lohnt es sich auch, nur die Dinge festzuhalten, der inneren Landkarte einen Ausdruck zu geben. Dann fällt es leichter zu akzeptieren, weshalb einem etwas so »Unglaubliches« mal wieder passiert ist.

Der Schwerpunkt des Buches ist die Auseinandersetzung mit den verinnerlichten Strukturen, den mächtigen Grundannahmen über sich, das Leben und andere Menschen. Dazu gehört z. B. die Rolle der Mutter, die als Ausgang für die eigenen mütterlichen Qualitäten gilt. Welche Spuren hat sie hinterlassen?

Was kann, will, muss man anders machen? Ist die Mutter wirklich immer an allem schuld? Welchen Eindruck hat mein Vater hinterlassen? Wie prägt er meine aktuelle Situation, z. B. die Wahl des Partners oder die Rollen- und Aufgabenverteilung im Zuge der Veränderungen? Welchen Vater wünsche ich meinem Kind? Ebenso wichtig ist die Auseinandersetzung mit der Frage: Was bringe ich mit, wenn ein Partner oder eine Partnerin als Vater oder Mutter nicht anwesend ist? Alleinerziehende Elternteile prägen heute das Alltagsbild, vor allem in den Großstädten. Deshalb ist dieser Aspekt aus meiner Sicht wichtig. Dennoch existiert der andere Elternteil, auch wenn er nicht da ist, und prägt die Vorstellungen und Wünsche an ihn. Genauso geht es jedoch um die versöhnlichen und wunderbaren Anteile, denn in jeder Kindheit sind auch viele Dinge gut gewesen und haben das Leben positiv bereichert. Jeder trägt gute Kindheitserinnerungen in sich. Sie mögen hier genauso ihren Platz haben, denn auch sie gestalten den inneren Atlas mit.

Erwachsen werden heißt auch, anzuerkennen, dass Eltern auch nur Menschen sind. Sie haben das geleistet, was sie konnten, und sich dabei manchmal dem gesellschaftlichen Trend untergeordnet. Auch werdende Eltern müssen Fehler machen, damit ihre Kinder später eine Chance haben, ihren Weg zu finden, sich von ihnen distanzieren zu können. Denn nichts ist schlimmer für ein Kind als perfekte Eltern. Ihr Mut, sich Fehler, Schwächen und Eigenheiten einzugestehen, soll gestärkt werden, aber auch die Erkenntnis, dass man selbst als Mutter oder Vater sicher ohne große Probleme vieles richtig machen wird.

Eines ist mir vorweg wichtig: In diesem Buch finden Sie keine Lösungen für Ihre Biografie. Als Therapeutin weiß ich, dass die besten Lösungen in Ihnen selbst liegen. Immer wieder kommen Menschen erneut in die Therapie, die früher schon einmal Patienten waren. Doch dann haben sie ein ganz anderes Anliegen. Manchmal gehen sie zu ihrem früheren Therapeuten oder suchen sich einen anderen. Meistens wissen sie anhand der früheren Erkrankung, wie schnell Grenzen überschritten werden können. Oft sind sie gar nicht (mehr) krank im eigentlichen Sinne, sondern ihnen ist »etwas passiert« oder es stehen persönliche Weiterentwicklungen an. Das können Umzüge sein, neue Partnerschaften, der Wechsel von Lebensmittelpunkten, Auszeiten wie Sabbaticals oder vieles mehr. Oder sie stehen vor Entscheidungen, kommen in einer wichtigen Entwicklung nicht weiter oder wollen es einfach gut machen. Dazu gehören oft aktuelle Anforderungen im Leben, z. B. eine neue berufliche Herausforderung oder die Pflege der Eltern übernehmen zu müssen – ausgerechnet der Eltern, die vielleicht einen großen Teil zu der Entstehung der psychischen Erkrankung beigetragen haben. Oder frühere Patienten werden selbst Eltern. Die persönliche Auseinandersetzung mit den eigenen Wurzeln zeigt, wie viel auch Eltern manchmal falsch machen können. Es gibt Eltern, die glauben, alles richtig gemacht zu haben – nur irgendwie passte das eigene Kind gar nicht dazu. Die Eltern-Kind-Beziehung ist belastet und es findet sich kein Weg zueinander, aber auch nicht voneinander weg. Oder möglicherweise geht (wieder) eine Partnerschaft in die Brüche, und ein altes (Beziehungs-)Muster will sich nicht korrigieren lassen, egal wie sehr man sich bisher angestrengt hat. Damals in der Therapie konnte die Erkrankung erfolgreich bewältigt werden, doch das Boot, mit dem man unterwegs ist, schaukelt fürchterlich auf dem Ozean des Lebens. Wieder krank zu werden ist eine Alternative, aber will man das wirklich, wenn man schon etwas Gutes für sich geschafft hat? Weshalb sich aber erneut den starken Wellen hingeben und schlussendlich kentern?

An dieser Stelle, passend zum Bild des Bootes auf dem Ozean des Lebens, sehen Sie nun ein Symbol, das Sie auf Ihrem Weg oder zumindest in diesem Buch begleiten wird. Ein Symbol für den Ausblick: ein Aussichtsfernrohr, das Ihnen hilft, den Überblick zu behalten.

Vor jedem neuen Kapitel werden Sie einen solchen Ausblick lesen und erfahren, welche Inhalte Sie erwarten. Dann können Sie selbst entscheiden, ob schon die Zeit für die folgenden Inhalte gekommen ist. In diesem Sinne finden Sie auch im Folgenden einen kleinen Überblick über die Buchkapitel.

Im ersten Kapitel »Herausforderungen in Sicht« können Sie sich Ihren aktuellen Herausforderungen widmen und Strategien im Umgang mit ihnen kennenlernen. Das zweite Kapitel »Meine Kindheit« bietet Ihnen zum einen Informationen zum Einfluss von Kindheitserfahrungen auf das Hier und Jetzt. Zum anderen haben Sie hier auch die Gelegenheit, Ihre eigene Kindheit Revue passieren zu lassen und eigene Stärken sichtbar zu machen. Im dritten Kapitel »Meine Familie« werden Sie sich, wie der Titel des Buches bereits erahnen lässt, eingehend mit Ihrer Mutter und Ihrem Vater, aber auch mit Ihren Geschwistern und anderen wichtigen Bezugspersonen beschäftigen. Auch hier stehen Ihre persönlichen Erinnerungen und Erfahrungen im Mittelpunkt. Nach dem Blick in Ihre Kindheit erfahren Sie im vierten Kapitel »Und jetzt? Auswirkungen der Kindheitsprägungen«, inwiefern diese Erfahrungen Ihr jetziges Leben prägen. Außerdem gebe ich Ihnen im fünften Kapitel »Die Werkzeugkiste packen« Rüstzeug an die Hand, das Ihnen dabei hilft, die eigenen Ziele nicht aus dem Blick zu verlieren.

Menschen, die bereits professionelle Unterstützung gesucht und genutzt haben, haben eines gemeinsam: Sie haben sich etwas Wichtiges erarbeitet. Sie haben beispielsweise einen Umgang mit der Erkrankung gefunden, ihre Biografie angeschaut, Schlüsse gezogen und Entscheidungen für ihr Leben getroffen. Eine Zeit lang darf ich als Therapeutin Menschen dabei begleiten. Meistens schaue ich mit Bewunderung und Ehrfurcht auf Lebenswege und Veränderungen. Eines weiß ich: Veränderungen sind keineswegs leicht. Ich habe viel Respekt vor Menschen, die Dingen auf den Grund gehen und sich wandeln. Gerne sage ich auch: »Keine Veränderung ohne Veränderung.« Denn die kleinen Veränderungen haben oft eine große Wirkung auf der inneren Landkarte und somit auch im Außen. Trauen Sie sich, selbst noch so kleine Veränderungen zu wagen, nur dann kann sich überhaupt etwas ändern.

Manche Veränderungen liegen aber auch in der Entwicklung einer anderen Sichtweise, einem neuen Blick oder einer anderen Haltung. Eine solche neue Haltung zu entwickeln, die eigene Sichtweise zu verändern, sich mit dem zu versöhnen (versöhnen zu wollen), was uns den Weg steinig erscheinen lässt – das bringt oft erst einmal eine Menge Chaos mit sich. Warum? Das werden Sie im Buch lesen, wenn Sie es nicht schon ahnen. Denn eine neue Haltung oder Sichtweise sowie heutige Erkenntnisse greifen in festgefahrene Strukturen der inneren Landkarte ein. Dann geht es emotional manchmal ordentlich auf und ab wie auf einer Achterbahn. Oder Sie spüren eine neue Dünnhäutig- oder Verletzlichkeit. Aber, und auch dafür möchte ich Sie begeistern: Die neuen Erfahrungen ermöglichen es Ihnen, sich freier zu fühlen, vielleicht ein bisschen demütiger zu werden und Respekt vor dem Alltag, anderen Menschen und deren Wegen zuzulassen.

Oft ist das erst möglich, wenn wir auf unsere innere Landkarte schauen. Auf das, was uns ausmacht und womit wir unterwegs sind. Vergangenes ist eben nicht vergangen, sondern prägt uns weiterhin im Alltag. Oder wie der Literaturnobelpreisträger Thomas Stearns Eliot schreibt: »Wer vor seiner Vergangenheit flieht, verliert immer das Rennen.« Wir können z. B. in Therapien etwas erarbeiten, das uns besser mit einer Erkrankung umgehen lässt, und vielleicht ist die Erkrankung dann weg. Das funktioniert etwa bei Flugangst oder Spinnenphobien ganz gut. Auch eine erste Depression können wir mit einfachen Mitteln schnell in den Griff bekommen. Wir rennen davor weg und lassen die Depression allein zu Hause. Manchmal wird ihr dann langweilig und sie verschwindet, während wir das Leben draußen ausprobieren. Doch das Haus bleibt dasselbe, und vielleicht merkt sich die Depression, dass wir sie schon einmal hereingelassen haben. Die Depression, die Angst, der Zwang sind zu uns gekommen und haben sich als ungemütliche Untermieter einquartiert – oder waren sie schon immer dort? Weshalb aber wohnen sie nicht ein Haus weiter?

Das Buch ist als Selbsthilfe- und Anleitungsbuch zur Selbstreflexion und zum Nachdenken gedacht. Dabei sollen Metaphern und Bilder genutzt werden. Eines davon haben Sie bereits kennengelernt: das Fernrohr für den Überblick. Ein weiteres ist die Lupe:

In diesem Buch wollen wir genau hinschauen, Detektiv in eigener Sache werden, den Spuren auf der Spur sein und uns mit Realitäten auseinandersetzen. Schreiben Sie sich bitte bei diesen Abschnitten Ihre Gedanken auf.

Mein Wunsch für Sie ist, dass Sie am Ende ein Erinnerungsbuch für Ihre Kindheit, Ihre innere Landkarte und aktuelle Reflexion haben. Holen Sie in ein paar Jahren das Buch wieder heraus – Sie werden zu einzelnen Fragen vielleicht schon wieder ganz anders denken und antworten. Das Leben ist im Fluss, Veränderungen sind normal. Wir können uns gar nicht nicht verändern. In diesem Sinne viel Freude beim Entdecken, Entscheiden und Verändern.

Maren Lammers

Stehen wir vor Veränderungen und Entscheidungen, können wir uns schnell überfordert, blockiert oder gar ohnmächtig fühlen. Doch neue Lebenssituationen und Herausforderungen geben uns auch die Chance, den Kurs unseres Lebens bewusst zu beeinflussen. Ziel in diesem Kapitel ist es, Sie in Ihrer Auseinandersetzung mit einer neuen Lebenssituation abzuholen. Um Ihnen das zu erleichtern, können Sie sich in diesem Kapitel mit verschiedenen Aspekten und Themen Ihrer aktuellen Lebenssituation, mit Kontrolle versus Kontrollverlust und Ihren Grundannahmen beschäftigen.

Im Verlauf dieses Buches werden Sie feststellen, dass die eigene Biografie nicht nur vergangen ist, sondern das Hier und Jetzt immens prägt. In diesem Kapitel werden Sie also schon auf Themen Ihrer Kindheit stoßen, die Sie im Verlauf des Buches vertiefen können. Nun aber zur Frage ...

Was steht wirklich an?

Sie haben das Buch in der Hand und denken vielleicht: »Ich muss mich mit so vielen Dingen beschäftigen, dass ich wirklich keine Zeit zum Lesen habe.« Ja, das kennt jeder von uns. Es gibt Momente im Leben, da ist rasches Handeln notwendig. Die Feuerwehr überlegt auch nicht lange, bevor sie das Löschen beginnt. Wenn es brennt, heißt es loslegen.

Manchmal hat man schon losgelegt und kommt doch ins Nachdenken. Die Ärmel sind oben vom vielen Handeln, doch der Bauch sagt: »Stopp mal« – irgendwas will noch bedacht und überlegt werden. Oder: »Den Kloß im Hals kann ich nicht ignorieren.« Nehmen Sie sich dann Zeit. Kaum eine Entscheidung muss sofort getroffen werden, es sei denn, es brennt. Doch manches Feuer lässt sich durch guten Brandschutz verhindern.

Druck machen können nur wir uns selbst. Das geht wunderbar, wenn wir glauben, die Entscheidung müsste sofort getroffen werden oder wir ließen den anderen im Stich, wenn wir nicht sofort etwas für ihn täten. Wenn Sie also richtig Druck verspüren wollen, machen Sie sich möglichst ein schlechtes Gewissen und viele unangenehme Gedanken und Gefühle.

Wenn Sie das nicht wollen, versuchen Sie einen anderen Weg für sich. Manchmal ist es nämlich eine gute Idee, sich Zeit zu verschaffen, um mit Ruhe und Energie über die anstehende Veränderung nachzudenken. Und schon wird man langsamer, denkt nach, zweifelt, spricht mit verschiedenen Menschen über die eigene Situation, erklärt das eigene bisherige Handeln oder rechtfertigt sich (vor sich selbst), indem man die ganze Geschichte aufrollt. Das alles in der Hoffnung, sich zu erklären, weshalb die anderen Varianten, die sich anbieten, keine Option für einen selbst darstell(t)en. Vielleicht aber auch, um sich Mut zu machen, weiter den eingeschlagenen Weg zu gehen. Denn wir wissen: Je mehr Menschen wir fragen, umso mehr Antworten bekommen wir. Doch der Brandschutzbeauftragte in Ihrem Leben sind Sie.

Jeder hat seine Geschichte, seine Interessen und seinen eigenen Weg, anzupacken und loszulegen. Deshalb hier die Einladung: Schreiben Sie die Antworten auf.

Die Magie der eigenen Handschrift

Im Buch finden Sie immer wieder Übungen und Fragen, die Sie einladen, sich Gedanken und Gefühle aufzuschreiben. Bitte machen Sie das immer mit Ihrer eigenen Handschrift. Warum? Weil Ihr Gehirn ganz früh mit Ihnen gelernt hat, Gehörtes zu verarbeiten und in Ihre Handschrift zu übertragen. Beim Schreiben am Computer funktioniert das deutlich schlechter (Mueller u. Oppenheimer 2014). Deshalb die gute alte Methode: Stift in die Hand und schreiben. Wenn Sie wollen, können Sie die Zeit auch auf maximal 15 Minuten begrenzen. Einfach 15 Minuten schreiben und dann das Geschriebene ganz bewusst weglegen.

Wenn Sie aufschreiben, was Sie gerade beschäftigt, können Sie erkennen, wo die potenziellen Feuergefahren liegen. Beim Schreiben können Sie sich klarer werden über Ihre Emotionen und Absichten. Es hilft Ihnen, sich zu verdeutlichen, welche Impulse, Gedanken und Handlungsoptionen Sie haben. Tagebuchschreiben unterstützt beispielsweise ältere Erwachsene bei der Wundheilung (Koschwanez u.a 2013). Aufschreiben hilft auch, sich zu strukturieren, mal all die Gedanken aus dem Kopf zu bekommen und so das Grübeln deutlich zu reduzieren. Aufgeschriebenes kann man leichter mal weglegen, in eine Schublade packen und hat dann durch die geschaffene Distanz mehr Ruhe von den Gedanken.

Ruhe ist ein gutes Stichwort. Den Gedanken an Ruhe verbinden die meisten Menschen mit Urlaub und Erholung. Die folgende Übung kann Ihnen einen kleinen Urlaub im Alltag ermöglichen. Und dafür müssen Sie nicht weit reisen. Es reicht, bei sich anzukommen.

Als Urlaubsvorbereitung nehmen Sie sich ein paar Minuten Zeit, um niederzuschreiben, was Sie aktuell beschäftigt und wozu Sie keine Lösung finden. Schreiben Sie alles in ein Heft oder auf ein Papier.

Zu welchen Themen haben Sie im Moment keine Lösung? Schreiben Sie alles auf, was Ihnen so einfällt, ohne Reihenfolge.

. . . .

. . . .

. . . .

. . . .

Sind Sie ein wenig überrascht? Die meisten haben nämlich viele Themen, für die (gerade) keine Lösung da ist. Druck entsteht oft, wenn wir glauben, eine Lösung haben zu müssen.

Hier kommt der zweite Trick, den wir nutzen können. Indem wir Dinge ganz bewusst mit voller Aufmerksamkeit tun, können wir sie besser loslassen. Das Gehirn macht dann innerlich einen Haken dahinter. Am besten legen Sie das Geschriebene mit voller Aufmerksamkeit in eine Schublade oder einen Schrank, den Sie verschließen können.

Jetzt haben Sie Urlaub von den Problemen.

Wie wollen Sie diese Zeit nutzen? Überlegen Sie sich etwas Schönes, um noch mehr Abstand zu gewinnen. Machen Sie in Gedanken eine Reise zu Ihrem Lieblingsort.

Zurück zu unserem Anliegen. Manchmal helfen die Antworten, um sich selbst über das eigene Handeln bewusst zu werden. Oft verwirren sie aber auch und machen neue Aspekte deutlich. Deshalb nun die folgenden Fragen an Sie:

Was steht denn wirklich an?

. . . .

. . . .

. . . .

Was ist wirklich und aktuell in Ihrem Leben passiert, das nach Veränderungen und Entscheidungen ruft?

. . . .

. . . .

Weshalb halten Sie inne und sind ins Nachdenken gekommen? Versuchen Sie, die Gründe einmal zu notieren.

. . . .

. . . .

. . . .

Wissen Sie schon, wohin die Reise gehen soll? Falls ja, schreiben Sie Ihr Ziel hier auf:

. . . .

. . . .

. . . .

Falls Sie noch nicht wissen, wohin die Reise gehen soll, überlegen Sie sich, was Sie später über sich und die Phase in Ihrem Leben denken / sagen möchten. Machen Sie sich dazu Notizen.

. . . .

. . . .

. . . .

In Überschriften denken

Manchmal hilft es, sich eine Überschrift zu überlegen. Das kann ein Satz, ein Schlagwort oder ein Film- oder Buchtitel sein. Stellen Sie sich Ihr Leben niedergeschrieben als ein Buch vor. Viele Menschen haben ihre Memoiren aufgeschrieben oder planen es. Sie auch? Um sich an die Sache heranzutasten, stellen Sie sich vor, wie Ihr Buch von außen betrachtet aussieht. Ist es ein dickes Lederbuch mit vielen Seiten? Ein kleines Büchlein wie ein Gedichtband? Oder ein Fotobuch, weil Bilder oft mehr sagen als tausend Worte?

Haben Sie schon eine Idee? Sie können das Buch, in dem Ihr Leben niedergeschrieben steht, gern malen. Oder Sie können sich ein Blatt Papier nehmen und Ihr Buch aufzeichnen, es ausmalen. Kreativität ist nicht so Ihre Sache? Vielleicht finden Sie irgendwo eine Vorlage, die Sie gestalten mögen? Kleben oder legen Sie Ihr Lebensbuchbild in dieses Buch. Vielleicht brauchen Sie ein Gummiband, um alle Bilder in diesem Buch sicher zu verwahren. Hier ist Platz für das Bild von Ihrem Lebensbuch:

Vielleicht fallen Ihnen auch schon ein paar gute Überschriften für vergangene, bereits gelebte Kapitel ein?

Notieren Sie diese hier, gern auch einfach völlig unsortiert:

Schauen Sie nun auf Ihr Buch. Wie sieht es aus? Ist es ein sauberes und ordentliches Buch? Dann war Ihr Leben bisher vielleicht wie geplant oder Sie wünschen sich einfach nur ein bisschen mehr Planbarkeit? Was hat Sie geleitet? Die Realität oder der Wunsch? Vielleicht ist es auch ein zerfledderter Lederschinken, bei dem ein paar Seiten raushängen und Ordnung auf den ersten Blick gar nicht erkennbar ist. Doch jeder kann erkennen: Da stecken viel Leben und Gefühle zwischen den Seiten. Schauen Sie dazu auch in das folgende Kapitel. Aber halt! Bevor Sie das tun, denken Sie daran, noch für die Zukunft leere Seiten einzuplanen, denn da kommt ja noch mehr zu Ihrer Biografie. Freuen Sie sich auf die Seiten, die Sie aktiv mitgestalten.

Willkommener Anlass oder große Überraschung?

Sie haben es vermutlich schon geahnt: Wir Menschen sind völlig unterschiedlich. Für die einen ist es wichtig, dass sie Veränderungen planen können. Vielleicht gehören Sie ja auch dazu. Wir neigen dazu, uns manchmal ein kleines bisschen selbst zu betrügen. Das ist auch gut so, denn dieser kleine Betrug gibt uns den Eindruck, Kontrolle über die Situation, das Leben und Veränderungen überhaupt zu haben. Dann fühlen wir uns innerlich gleich ein wenig stärker. Und wenn wir ehrlich sind, ist das doch die beste Voraussetzung, um Entwicklungen und Herausforderungen zu bewältigen. Das überzeugt doch, oder?

Aber eine gute Planung ersetzt nicht die Realität. In der Therapie fragen wir manchmal auch bei scheinbar Selbstverständlichem genauer nach. Lesen Sie, was Frau Winter antwortete, als sie aufgefordert wurde, nach einer bewältigten Krise im Zuge ihrer Brustkrebserkrankung noch mal zu schauen, wie sie heute über die Krankheit und die persönliche Entwicklung danach denkt:

»Gut, dass ich nicht wusste, was auf mich zugekommen ist. Wer weiß, ob ich mich das überhaupt getraut hätte.« Diese Antwort finden Sie jetzt vielleicht wenig überraschend, denn vermutlich kennen Sie solche und ähnliche Antworten auch von sich. Nur, mal ehrlich, wer will denn schon so an die Dinge herangehen? Das hieße ja, der Intuition zu trauen oder gar den eigenen Kräften, Dinge auch schaffen zu können, wenn man denkt, man könne diese gar nicht durchstehen. Am Anfang unserer Zusammenarbeit berichtete Frau Winter nämlich, dass sie nach der Diagnose und der Operation völlig verwirrt gewesen sei. Alles ging so unglaublich schnell und dann trennte sich ihr langjähriger Partner von ihr, weil er dachte, mit den Folgen einer Krebserkrankung bei seiner Partnerin und den Veränderungen nicht umgehen zu können. Zugegeben, Frau Winter hatte es wirklich schlimm getroffen. Depressionen kannte sie schon. Ihre Mutter hatte immer wieder depressive Phasen gehabt.

Diese hatte sie als Kind auch als nicht vorhersehbar erlebt. Vermutlich haben die Erlebnisse mit ihrer Mutter dazu beigetragen, dass Frau Winter dachte, eine gute Planung ersetzt das halbe Leben. Frau Winter hat also für sich eine Entscheidung getroffen, mit der sie im weiteren Leben gut gefahren ist. Sie fühlte so etwas wie Kontrolle. Allerdings hatte sie nicht bedacht, dass auch die frühen Erfahrungen wichtige Fähigkeiten und Stärken entwickeln ließen. Beispielsweise hat sie gelernt, sich immer wieder anzupassen.

Damit sind wir bei einem ganz wichtigen Thema. Dem Lieblingsthema vieler Menschen: Kontrolle. Manchmal versteckt sich die Idee der Kontrolle auch hinter der philosophischen Formulierung der Willensfreiheit.

Kontrollierte Freiheit?

Wenn ich frei entscheiden kann, dann habe ich das Erlebnis von Kontrolle, und das fühlt sich doch richtig gut an, oder? Ja, wenn wir das Thema Kontrolle einseitig auslegen mögen, schon. Für viele Menschen macht es auf dieser Ebene einen Unterschied, ob das, was auf sie zukommt, überraschend kommt oder planbar und kontrollierbar ist. Selbst werdende Eltern, die von einer Schwangerschaft überrascht werden, sagen: »Wir haben ja noch zehn Monate Zeit, uns daran zu gewöhnen.« Es gibt ganze Ratgeberreihen darüber, was wann untersucht, erledigt und organisiert werden sollte. Alles um, Sie ahnen es schon, Kontrolle über ein überraschendes Ereignis mit viel Unsicherheit zu gewinnen.

Eine Mutter sagte mal: »Ich habe von so vielen ungünstigen Erfahrungen in meinem Umfeld gehört, dass ich ein Kinderzimmer erst einrichte, wenn das Baby wirklich da ist. Und ehrlich gesagt braucht ein Baby am Anfang auch noch kein eigenes Zimmer. Also machen mein Mann und ich das, wenn es wirklich benötigt wird.«

Bei diesem Ansatz werden einige denken: »Kann ich verstehen.« Andere wiederum werden sich fragen, wo denn dann die Vorfreude bleibt. Doch es ist die Art von Kontrolle, auch einen möglichen ungünstigen Ausgang einer Schwangerschaft einzuplanen, zu der diese Mutter sich entschieden hat. In ihrer Vorstellung wäre es schlimmer, ein fertiges Kinderzimmer ohne das dazugehörige Kind zu haben. Das wäre für die Mutter ein echtes Trauma – ein Ereignis, dem wir ausgeliefert und hilflos gegenüberstehen. Wir haben keinen Einfluss und fürchten um unser Leben. Im Zusammenhang mit Traumata sprechen viele Therapeuten von einer Sehnsucht nach Kontrolle. Das zeigt sich auch darin, dass ein großer Wunsch danach besteht, alles im Zusammenhang mit dem Trauma genau verstehen zu wollen. Doch je mehr wir glauben, Kontrolle zu brauchen, umso schwerer trifft es uns, wenn wir keine Kontrolle haben, und wir erleben Hilflosigkeit, Ohnmacht, Angst, Scham, Trauer. Dabei haben wir mehr Kontrolle, als wir oft denken. Im Fall von Frau Winter sah das so aus:

Frau Winter hätte ihren Mut und die als Kind erlernten Strategien vielleicht nicht einfach so genutzt, wenn sie genau gewusst hätte, was auf sie zukommt. Sie hätte versucht, Dinge zu planen, doch diese Planungen wären ständig wieder hinfällig geworden, weil sie die Dinge eben nicht kontrollieren konnte. Dabei hätte sie häufiger den Eindruck gewonnen, ständig Kontrolle zu verlieren, statt sie tatsächlich zu haben.

Die junge Mutter dagegen hatte ihre Art der Kontrolle:

Sie versuchte, sich auf das vorzubereiten, was auch hätte passieren können. Sie und ihr Mann wären vielleicht ohne Kind heimgekommen, weil die Geburt doch nicht so selbstverständlich verlaufen wäre. Der Anblick eines unbenutzten Babybettes war in der Vorstellung ganz schwierig.

Kontrollverlust

Kontrolle ist also eine echt verrückte Sache. Je mehr wir sie suchen, desto weniger haben wir sie. Vor vielen Jahren habe ich in einer Weiterbildung folgenden Satz von Milton Erickson, einem bekannten Hypnotherapeuten, gehört: »Was passiert, wenn ein Tausendfüßler, ganz gezielt und kontrolliert, einen Fuß nach dem anderen voransetzen will?« Ganz einfach: Er wird stolpern (wenn das denn bei einem Tausendfüßler geht). Er verliert also die Kontrolle über das, was er wirklich gut kann, nämlich tausend Füße gedankenlos, aber intuitiv voreinanderzusetzen.

★★★★ Sich zu vertrauen heißt, die Idee von Kontrolle loszulassen!

Das haben Sie vielleicht schon mal gehört. Nur, die meisten Menschen wissen gar nicht, wie man etwas sein lässt. Manchmal tut man etwas, indem man etwas anderes nicht tut. Doch wie soll das gehen? Stattdessen können Sie etwas Hilfreicheres tun: Vertrauen Sie sich, Dinge zu schaffen. Die Kraft zu haben, auch Herausforderungen im Leben bewältigen zu können, die überraschend sind. Intuition, eigene Spontaneität und erlernte Strategien auch aus schwierigen Lebensphasen mitzubringen. Überlegen Sie sich in Ruhe, was Sie schon alles geschafft haben, wo Ihre Stärken liegen. Falls Ihnen das nicht so gut gelingt, finden Sie im Abschnitt »Machen Sie unbedingt Fehler!« (siehe S. 212 f.) ein paar Ideen zum erfolgreichen Scheitern. Vielleicht helfen Ihnen die Ideen, eine neue Haltung zu finden?

Denken lenken

Und dennoch ist das Denken so eine Sache, nämlich immer dann, wenn wir vergessen, es zu lenken. Wir glauben an das, was unser Gehirn so mal eben produziert. Einer meiner Lieblingssätze aus den Therapien lautet: »Denken verursacht oft mehr Probleme, als dass es welche löst.« Nämlich meist dann, wenn wir nicht entscheiden, worüber und woran wir denken wollen.

Im Falle von Frau Winter ist natürlich eine Krankheit schwer zu planen – wobei die Wissenschaft dazu vieles versucht. Gentests sollen Krankheiten planbarer machen. Frau Winter hätte also durch einen solchen Test erfahren können, dass sie wie ihre Mutter und Großmutter mit hoher Wahrscheinlichkeit an Brustkrebs erkranken wird. Wie wäre ihr Leben verlaufen, wenn sie das gewusst hätte? Wir wissen es nicht.

Planbarkeit und Kontrolle, Überraschung, ein willkommener Anlass – all das ist oft gar nicht so wichtig, wie es im ersten Moment erscheint. Ein weiteres Beispiel soll dies unterstreichen:

Herr Gomez, fünfzig Jahre alt, darf sich glücklich schätzen: Gute Planung hat es ihm ermöglicht, bei seinem Arbeitgeber ein Sabbatical zu beantragen. Er wird ein Jahr freigestellt, hat sein Gehalt für dieses Jahr und die zu leistenden Stunden bereits in den letzten Jahren vorgearbeitet. Verändern wollte Herr Gomez nichts, nur dieses eine Jahr mal nur für sich. Die Kinder aus dem Haus, die Frau hatte Zeit, da sie sich bis dahin um die Kinder gekümmert hatte. Nun also ein Jahr miteinander, so war es geplant. Reisen, das Gartenhaus neu gestalten. Herr Gomez hatte einen Plan, was wann an der Reihe war. Und dann kam das Leben dazwischen. Herr Gomez und seine Frau fanden in diesem Jahr kein gutes Miteinander. Die neuen Rollen, wenn auch nur befristet für ein Jahr, machten beiden zu schaffen. Das Jahr wurde für beide anstrengend. Das Gartenhaus wurde im Zuge der Auseinandersetzungen nicht neu gestaltet, sondern war halb begonnen und am Ende des Jahres unbewohnbar. Vermutlich auch ein bisschen symbolisch? Die Wogen glätteten sich nach dem Jahr, als Herr Gomez wieder an seinen Arbeitsplatz zurückkehrte. Frau Gomez suchte sich eine neue Beschäftigung in einem Einrichtungsgeschäft. Und ein halbes Jahr später war das Gartenhaus dann neu gestaltet und die Einweihung fand wie gewünscht statt.

Setzen wir uns mit der Realität auseinander: Es gibt Aufgaben, die wir nicht gewollt haben. Das ist immer dann der Fall, wenn sich Ziele und Wünsche nicht erfüllen. Oft ist das der schwierigste Moment für uns. Wir erleben uns dem Schicksal ausgeliefert und hadern mit den Umständen. Doch wir brauchen diesen Prozess, um uns der nun kommenden Aufgabe oder Herausforderung stellen zu können. An dieser Stelle fühlen Sie sich bitte ermutigt, sich angemessen Zeit für den Prozess nehmen, falls Sie in so einer Situation stecken. Sollten Sie darin feststecken, können Sie das Buch weiter für sich nutzen.

Nun sind Sie wieder an der Reihe. Im vorangegangenen Kapitel haben Sie bereits notiert, welche Veränderung für Sie ansteht. Fragen Sie sich nun:

Wollen Sie diese Veränderung von sich aus?

. . . .

. . . .

Was waren Ihre ersten Gedanken dazu?

Mit wem konnten Sie schon darüber sprechen?

War das Gespräch hilfreich? Wenn ja, was war hilfreich?

Was war nicht hilfreich?

Weshalb ist die Veränderung notwendig?

Oder ist das, dem Sie sich nun stellen müssen, unvorhersehbar auf Sie zugekommen?

Wie denken Sie darüber mit Blick auf sich selbst? Geraten Sie öfter in solche Situationen?

Haben Sie sich die Veränderung gewünscht, aber der Zeitpunkt war nicht vorhersehbar? Das ist z. B. bei einem Kinderwunsch der Fall. Was genau macht den Zeitpunkt für Sie so überraschend?

Was brauchen Sie für sich, um der Veränderung begegnen zu können? Ein paar Vorschläge finden Sie bereits unten aufgeführt:

- **Akzeptanz**
- **Hilfe von anderen**
- **finanzielle Rücklagen**
- **Mut**
- **Fähigkeit, Nein zu sagen**
- **…**

Was macht Sie unsicher?

. . . .

Was gibt Ihnen im Moment Sicherheit?

. . . .

. . . .

Was würde Sie im Moment mit der Situation versöhnen, Ihnen dabei helfen, die Situation besser anzunehmen?

. . . .

Vielleicht haben Ihnen die Fragen ein bisschen mehr Kontrolle gegeben. Falls Sie noch etwas an der Kontrollidee festhalten mögen, können Sie sich überlegen: In welchem Lebensbereich haben Sie Kontrolle? Dazu aber auch mehr auf den kommenden Seiten.

Keine Veränderung ohne Veränderung

Wenn Sie Lust haben, stöbern Sie doch mal in Ihrem mentalen Lebensbuch nach Ereignissen, die Sie gut bewältigt haben. Manchmal wirken diese Erfahrungen auch so, als hätten sie nichts mit der aktuellen Lebenssituation zu tun, doch am Ende fallen uns Parallelen auf. Nur Mut, schauen Sie hin. Sie haben garantiert schon schwierige Situationen im Leben bestanden, sonst wären Sie nicht da, wo Sie jetzt sind. Selbst wenn Sie gerade unzufrieden sind, dürfen Sie das sein. Unzufriedenheit hilft, sich Veränderungen zu stellen. Denken Sie an den Satz: »Keine Veränderung ohne Veränderung.« Wenn Sie unzufrieden sind, heißt das also nicht, dass Sie Ihr Leben nicht im Griff haben. Stattdessen wissen Sie, dass Sie auch zufrieden sein können und dass es bessere Zeiten im Leben gab. Öffnen Sie gedanklich die entsprechenden Kapitel in Ihrem Lebensbuch und schauen Sie, was diese Zeiten so anders gemacht hat. Und schauen Sie vor allem, was Sie in diesen Zeiten anders gemacht haben. Ein bisschen davon lässt sich immer übertragen. Aber nun zurück zu Ihrem jetzigen Leben.

Wie sieht Ihr Leben im Moment aus?

Wie Menschen Veränderungen und neuen Lebenssituationen begegnen, hängt oft von ihrer aktuellen Lebenslage ab. Im Fall von Frau Winter war die Krebsdiagnose etwas, das fast noch tragbar schien, da ihr sonstiges Leben ja relativ geordnet war. Anders sah es dann aus, als sich ihr Partner nach der Operation von ihr trennte, weil er glaubte, mit den Veränderungen nicht zurechtzukommen und ihnen nicht gewachsen zu sein. Wie man selbst über sich denkt, ist oft entscheidend dafür, wie man mit neuen Situationen im Leben umgeht. Einige typische Beispiele aus den Therapien sollen das verständlicher machen:

Typische Gedanken über sich selbst	Sagt vielleicht aus, dass ...	Möglicher Umgang mit neuen Lebenssituationen
»War ja klar, so was trifft immer nur mich.«	... nur mich allein solche Sachen treffen. Ich bin ein Opfer des Lebens.	Versuchen, die Verantwortung an andere abzugeben und möglichst viel Unterstützung einzufordern.
»Ich habe schon so viel erlebt, muss das jetzt auch noch sein?«	... ich die Hoffnung habe, dass irgendwann Ruhe einkehrt. Ich will keine Veränderungen mehr (die ich nicht selbst entschieden habe).	Mit Ärger und Groll im Bauch Dinge abarbeiten, dabei wenig Hilfe annehmen können. Selbstfürsorge fällt schwer, denn erst die Arbeit und dann das Vergnügen.
»Ich habe schon eine Menge im Leben geschafft. Das sollte ich doch auch hinbekommen.«	... ich eine Menge Erfahrungen und Strategien habe und mich mit ihnen sicher fühle.	Zuversichtlich sich der neuen (Lebens-)Situation stellen. Sich Fehler eingestehen und gut mit sich sein.

Typische Gedanken über sich selbst	Sagt vielleicht aus, dass ...	Möglicher Umgang mit neuen Lebenssituationen
»Ich bin hilflos. Wie soll ich das schaffen?«	... ich schwach und allein kaum lebensfähig bin. Das normale Leben ist schon schwer genug.	Verantwortungen, Entscheidungen, Verpflichtungen abgeben wollen. Viel reden und klagen, aber wenige konkrete Handlungen.
»Ach Gott, auch das noch.«	... ich das Leben und die Herausforderungen nicht ertrage.	Alles aushalten und erdulden und sich dafür Anerkennung wünschen.

Im vorangegangenen Kapitel haben Sie zwei Fragen beantwortet, die schon in die Richtung lenken:

Wie denken Sie über die Veränderung mit Blick auf sich selbst?

. . . .

. . . .

Geraten Sie öfter in solche Umstände bzw. Situationen?

. . . .

. . . .

Können Sie sich oben wiedererkennen? Oder haben Sie einen eigenen Umgang mit neuen Lebenssituationen entwickelt? Dann legen Sie die Lupe doch mal nach dem Muster der Tabelle auf Ihren Satz.

Solche Sätze nennen wir in der Therapie auch Grundannahmen, manchmal auch Glaubenssätze über uns selbst. Das sind Sätze, die sich im Laufe des Lebens gebildet haben und die erst einmal automatisch als erste Reaktion auf Veränderungen auftauchen.

Grundannahmen und Glaubenssätzen auf den Grund gehen

Es kann aber auch sein, dass Sie nicht immer mit demselben Satz antworten, sondern dieser sich von Situation zu Situation unterscheidet. Dass Frau Winter aus unserem Beispiel bei der Trennung antwortet: »Das jetzt auch noch? Damit habe ich überhaupt nicht gerechnet«, dürfte jedem von uns einleuchten. Also schauen Sie mal auf Ihr aktuelles Leben. Was ist denn da so los? Ein paar Fragen sollen Sie dabei unterstützen.

Als Erstes brauchen wir das heutige Datum oder den Monat und das Jahr. Das hilft Ihnen dabei, Ihre Antworten später nachzuvollziehen.

Tag – Monat – Jahr: . . . .

Wie geht es Ihnen grundsätzlich im Moment?

. . . .

Welche Besonderheiten zeichnet Ihr Leben aktuell aus?

. . . .

Welche Erfahrungen haben Sie in den letzten Wochen und Monaten gemacht?

. . . .

Mit wem leben Sie zusammen? Wie und wo wohnen Sie?

. . . .

Haben Sie einen Arbeitsplatz? Wie geht es Ihnen dort?

. . . .

Auf welchen anderen Säulen steht Ihr Lebensalltag? Ergänzen Sie die Vorschläge um Ihre Angaben:

- **Familie:**

. . . .

- **Freunde und Bekannte:**

. . . .

- **Freizeit:**

. . . .

Erholungsmöglichkeiten:

. . . .

- **eigene Gesundheit:**

. . . .

- **Gesundheit nahestehender Menschen:**

. . . .

- **Haustier:**

. . . .

- **Was fällt Ihnen noch ein? Hier soll es Platz haben:**

. . . .

Gibt es in den einzelnen Bereichen aktuelle Belastungen und Besonderheiten? Zu den Besonderheiten gehören auch positive Ereignisse.

Zu aktuellen Belastungen können auch unerfüllte Wünsche und Bedürfnisse sowie aktuelle Entbehrungen gehören. Sie prägen unseren Alltag und haben Einfluss darauf, mit welcher inneren Haltung wir der neuen Herausforderung begegnen (können). Im Abschnitt »Entbehrungen, offengebliebene Wünsche und Bedürfnisse« (siehe S. 69) gehen wir detailliert auf dieses Thema ein. Oft prägen kindliche Entbehrungen oder Nöte auch das aktuelle Leben. So kann beispielsweise der kindlich unerfüllte Wunsch nach einem guten Familienalltag im Hintergrund dafür sorgen, dass der aktuell unerfüllte Partnerwunsch emotional sehr intensiv wird. Doch dazu lesen Sie mehr im entsprechenden Abschnitt.

Das Los des Lottogewinns

Eine Besonderheit, die wir oft in der Presse nachverfolgen können, ist eine, die sich viele Menschen wünschen: der Lottogewinn. Immer wieder lässt sich verfolgen, dass Lotteriegewinner nur kurzfristig glücklich waren. Es ist zu lesen, dass viele Geld verliehen oder verschenkt haben und dann menschlich enttäuscht wurden. Oder aus Angst vor einer Enttäuschung niemandem davon erzählen wollten und das Geld heimlich besaßen. Manche verloren es durch professionelle Betrüger. Andere gaben plötzlich Geld für unmögliche Dinge aus, die ihr Leben kaum bereicherten, wie z. B. Schönheitsoperationen, teure Autos, eine große Villa und vieles mehr. Gute Besonderheiten können kurzfristig also auch anstrengend sein und mittel- und langfristig zu unvorhersehbaren Belastungen führen. Das Leben ist auch ein bisschen wie Lottospielen.

So, nun haben Sie die Lupe auf Ihr aktuelles Leben gelegt. Wie geht es jetzt weiter? Haben wir denn noch die eigentliche Herausforderung im Blick? Ja, schauen Sie!

Die unterschiedlichen Lebensbereiche, die betroffen sein können

Verschaffen Sie sich einen Überblick darüber, welche Veränderungen tatsächlich mit der neuen Aufgabe oder Anforderung an Sie einhergehen. Es macht einen großen Unterschied, welche und wie viele der unterschiedlichen Lebensbereiche betroffen sind. Selbstverständlich lässt sich nicht alles vorhersehen. So ist in neuen Lebensphasen oft nicht bis ins Detail klärbar, welche konkreten Veränderungen mit diesen im Alltag verbunden sind. Dennoch ist es sinnvoll, sich zu überlegen, was sich verändern könnte. Noch sinnvoller ist es, sich Alternativen zu überlegen, die manchmal bestimmte Aspekte der realen Veränderungen verdeutlichen. So unterstützt uns mitunter bereits das Wissen darum, dass andere Alternativen nicht infrage kommen, dabei, auch in windstillen Zeiten durchzuhalten.

Machen Sie sich hier Notizen über die Lebensbereiche, in denen im Alltag Veränderungen anstehen.

Familie? Dazu gehören auch potenzielle Konflikte, die entstehen können oder neu belebt werden.

Freunde und Bekannte? Beispiele: näher zusammenrücken, weil es mehr Gemeinsamkeiten oder Überschneidungen gibt oder weniger Zeit für andere Menschen.

Freizeit, Hobbys, der Platz, der dafür unter Umständen benötigt wird?

Erholungsmöglichkeiten?

Welche Auswirkungen hat die neue Situation auf Ihre Gesundheit? Kommen psychische und körperliche Symptome wieder stärker zum Vorschein? Wie reagieren Sie grundsätzlich auf Veränderungen?

Gesundheit und seelisches Befinden nahestehender Menschen?

Haben Sie finanziellen Spielraum? Können Sie daran noch etwas verändern? Müssen Sie mit Ihrer Bank oder anderen Menschen Unterstützungsmöglichkeiten besprechen?

Wie sieht es dann aus mit Ihrem Haustier?

. . . .

. . . .

. . . .

Was fällt Ihnen noch ein?

. . . .

. . . .

Zeit und Energie sparen lernen

Schreiben Sie jetzt Ihre Alternativen auf. Sie können auch alle Varianten einfügen, die Ihnen andere Personen schon als gut gemeinten Ratschlag mit auf den Weg gegeben haben.

Wenn Sie alle Varianten niedergeschrieben haben, machen Sie sich nach dem obigen Schema Notizen. Am einfachsten geht das in einer Tabelle. Damit diese übersichtlich bleibt, wählen Sie maximal zwei Alternativen aus. Die dritte Alternative bildet sich automatisch aus den beiden anderen Varianten. Ein Beispiel:

Frau Yagmur kommt in die Therapie. Sie hat sich trotz ihrer bestehenden Partnerschaft neu verliebt – in einen Kollegen, mit dem sie zusammenarbeitet. Sie überlegt nun seit Wochen, für wen sie sich entscheiden soll. Alternative 1 bedeutet für sie, mit dem bisherigen Partner zusammenzubleiben. Alternative 2, sich zu trennen und zu versuchen, mit dem Kollegen eine Partnerschaft aufzubauen. Als Alternative 3 kam folgende Überlegung für sie zustande: »Ich bleibe mit dem Partner zusammen und beginne erst einmal mit dem Kollegen eine Affäre und schaue, ob sich daraus eine Beziehung entwickeln kann.«

Sie brauchen vermutlich ein bisschen Zeit, sich Ihre Alternative 3 in Gedanken aus den anderen beiden Alternativen zusammenzusetzen. Versuchen Sie, wie Frau Yagmur, diese Variante möglichst alltagstauglich zu denken.

Notieren Sie diese, Ihre dritte Variante:

Schauen Sie nun auf die Auswirkungen in den unterschiedlichen Lebensbereichen.

Gewichten Sie nun die Alternativen. Sie haben für jeden Lebensbereich maximal fünf Abneigungspunkte. Malen Sie sich beispielsweise einen Smiley: ☹. Davon dürfen Sie für alle drei Alternativen des jeweiligen Lebensbereiches – also pro Zeile – insgesamt maximal fünf vergeben. Sie können beispielsweise ☹ ☹ ☹ bei Finanzen in der Alternative 1 eintragen und haben dann noch ☹ ☹ als Abneigungspunkte für die Alternative 2 und 3 übrig. Bei der Variante mit den wenigsten Smileys können Sie sicher sein, dass Sie im Vorfeld am wenigsten inneren Widerstand haben. Umgekehrt ausgedrückt: Dieser Alternative begegnen Sie am neutralsten und wahrscheinlich mit mehr Zuversicht. Das hat Auswirkungen auf Ihren Umgang mit der anstehenden Veränderung.

Alternativen	Alternative 1
Einfluss auf die folgenden Lebensbereiche	
Familie	
Freunde und Bekannte	
Freizeit und Hobbys	
Erholungsmöglichkeiten	
Eigene körperliche und seelische Gesundheit	
Gesundheit und seelisches Wohlbefinden nahestehender / betroffener Personen	
Finanzen	
Haustiere	
Freies Feld für eigene Überlegungen + Gesamtpunkte	

Alternative 2

Alternative 3

Wie beim Beispiel des Lottogewinns, den sich viele Menschen wünschen, sieht es in der Realität oft anders aus. Der große Traum ist erfüllt, doch in der Realität entstehen Unsicherheiten, Ängste, Enttäuschungen, Wut oder Einsamkeit. An Veränderungen im Leben wachsen wir aber auch. Manche sind sogar positiv und führen zu wunderbaren Fortschritten. Manchmal entwickelt sich eine Eigendynamik und wir lernen in anderen Bereichen viel Neues. Es sind wichtige Erfahrungen, die uns wirklich unterstützen, im Sinne von mehr Wissen und Selbstwirksamkeit. Das schafft Selbstvertrauen und gibt Sicherheit für neue Veränderungen in den kommenden Jahren.

Schreiben Sie die wirklichen Erfahrungen mit Veränderungen in einer anderen Stiftfarbe dazu und erlauben Sie sich ruhig auch, die Dinge zu bewerten. Wie fühlt es sich wirklich für Sie an? In den Therapien versuchen wir, Wertfreiheit als Technik zu vermitteln, weil zu schnelle Wertungen oft Probleme verursachen. Aber ohne (Be-)Wertungen kommen wir auch nicht gut durchs Leben. Wir können ja nur Dinge verändern, die uns unzufrieden, wütend oder traurig machen. Das gilt auch, wenn wir im Rahmen der Entwicklung mit uns selbst unzufrieden sind und uns trauen, das einzugestehen, denn dann können wir uns kümmern. So wie Frau Huber:

Frau Huber hatte bereits vor Jahren eine Therapie wegen Wasch- und Kontrollzwängen gemacht. Die Auseinandersetzung mit ihrer Erkrankung und ihrer Biografie war im Rahmen der Therapie gut vorangeschritten. Nun wurde Frau Huber schwanger und die Wasch- und Kontrollzwänge meldeten sich zurück. Einer ihrer Sätze zum Thema eigener Kindheit ist mir bis heute hängen geblieben: »Alle reden von Biografie, aber ›bio‹ war in meinem Elternhaus und meiner Kindheit gar nichts.« Dieses Wortspiel brachte es auf den Punkt: Waschen und Kontrollieren war die einzige Chance, in einem Elternhaus zu überleben, wo Alkohol, Drogen, fremde Menschen und Partys herrschten. Man könnte fast denken, die Zwangshandlungen, sich zu waschen und alles zu kontrollieren, waren hilfreich, auf sich aufzupassen und als Kind zu überleben.

Nun war Frau Huber schwanger und meldete sich aus Sorge um die eigenen Zwänge und damit keine gute Mutter zu sein. Ein Baby bringt am Anfang neue hygienische Verantwortungen mit sich. Genauso ist es normal, einmal öfter nach dem Kind zu schauen, also die Umgebung zu kontrollieren. Neben all der Vorfreude drohte der erarbeitete Umgang mit den Zwängen also völlig durcheinanderzugeraten. Sie erinnerte sich daran, wie angespannt sie damals im Alltag war. So eine Mutter wollte Frau Huber ihrem Baby nicht sein. Die normalen Regeln und Strukturen eines gesunden Familienalltags hatte sie nicht erfahren dürfen. Stattdessen gab es Chaos, Dreck, Vernachlässigung und ihren kindlich-verzweifelten Kampf um ein bisschen Kontrolle und Sauberkeit. Frau Huber wollte eine gute Mutter sein und war durch die Schwangerschaft motiviert, noch mal hinzuschauen und sich auf den Weg zu machen, die Entwicklungsaufgabe in die Rolle der (besseren) Mutter anzunehmen.

Neue Anforderungen schütteln das bisherige (und das in Therapien neu erarbeitete) System manchmal ordentlich durcheinander. Nutzen Sie deshalb auch die Möglichkeit, in sich hineinzuhören. Gibt es etwas, das Ihnen Bauchweh verursacht? ... Ihnen querliegt? ... Den Atem nimmt? Manchmal hat es etwas mit der eigenen Kindheit zu tun. Da wollen wir jetzt hinschauen. Sie haben im Falle von Frau Huber gelesen, dass die Kindheit uns ganz schön beeinflussen kann.

In diesem Kapitel geht es nun um Ihre Kindheit. Sie ist die Grundlage für die Auseinandersetzung mit der zukünftigen Veränderung oder den Zielen, die Sie erreichen wollen. Dazu gehören Erfahrungen aus der eigenen Kindheit, gute und weniger gute Erinnerungen, kurzum: alles, was Ihre innere Landkarte so geprägt hat.

Sie können sich Gedanken darüber machen, welche gesellschaftlichen Einflüsse Ihre Kindheit geprägt haben, wofür Ihre Kindheit Sie stark gemacht hat, welche Fähigkeiten so gefördert wurden und schauen, wie Sie diese im heutigen Leben einsetzen.

Neben dem Fokus aufs Detail werden wir aber auch aufs große Ganze blicken. Zudem wollen wir auf den Wahrheitsgehalt von Kindheitserinnerungen eingehen.

Falls Sie feststellen sollten, dass Sie sich in der Auseinandersetzung mit den eigenen Spuren und Prägungen klein, hilflos, minderwertig und beschämt fühlen, von negativen Gedanken nicht mehr loszukommen scheinen oder gar an den eigenen Tod oder das »Nicht-mehr-kämpfen-Wollen« denken, bitte ich Sie, sich professionelle Unterstützung zu holen. Adressen und Anlaufstellen finden Sie im Anhang dieses Buches. Als Therapeutin habe ich gelernt, dass die meisten Menschen mit Narben, Spuren und Malen das nämlich sehr wohl anpacken und bewegen können. Sie haben es oft genug bewiesen und sind deshalb mitten in ihrem Leben angekommen.

Kindheit und Erziehung im Wandel der Zeit

Kindheit unterliegt den Einflüssen der Zeit, und das weit mehr, als uns bewusst ist. Erziehung enthält das Wort »ziehen« und ist in diesem Zusammenhang wortwörtlich zu nehmen: Die Kinder wurden gezogen. Sie hatten sich auch an die gesellschaftlichen Bedingungen anzupassen. So ging es in den Nachkriegsjahren noch um Autorität und Überleben. Kinder lernten, auf der Hut zu sein, ihre häufig von den Kriegs- und Fluchterfahrungen traumatisierten Eltern zu schonen und sich in die Gemeinschaft einzuordnen, nach dem Motto: »Der andere ist wichtiger als man selbst.«

Später, in der Zeit der Flower-Power, lernten die Kinder, die nun Jugendliche und junge Erwachsene waren, das Leben zu feiern, zu genießen, fünfe gerade sein zu lassen. Die Sehnsucht nach weniger Regeln und Strukturen war groß. So groß, dass antiautoritär und im Stil des Laisser-faire erzogen wurde. Den Kindern fehlten dabei oft Orientierung und klare Regeln. Sie wurden in großen Wohngruppen erzogen, in denen jeder ein bisschen erzog – doch kaum einer beachtete die Bedürfnisse der Kinder.

Selbstverständlich sind diese Ausführungen bewusst übertrieben, um die gesellschaftlichen Einflüsse präsenter zu machen. Es ist mir wichtig zu betonen, dass es immer Eltern gab, die es anders machten und ihre Kinder weniger den gesellschaftlichen Einflüssen aussetzten. Sie nutzten ihre Intuition oder auch das Wissen aus ihrer eigenen Kindheit, um gute Eltern zu sein und eine schöne Kindheit zu ermöglichen. Manchmal haben solche Eltern es fast zu perfekt gemacht. Dann ist es für die Kinder oft schwer, einen eigenen Weg zu gehen. Um sich abnabeln zu können, sollte es die Chance geben, Dinge anders machen zu können, als es die Eltern getan haben. Doch natürlich gibt es auch wirklich fatale Fehler von Eltern, die hier nicht als normal dargestellt werden sollen. Dazu gehört beispielsweise, die Kinder zu vernachlässigen, eine zu strenge Erziehung und Gewalt in jeglicher Form. Sie haben dazu sicher auch ein paar eigene Gedanken.

Weshalb lade ich Sie in diesem Buch überhaupt dazu ein, einen Blick zurückzuwerfen, wenn es doch eigentlich darum geht, wie Sie aktuelle Anforderungen bewältigen können?

In der Therapie nutzen wir oft die Möglichkeit für den Blick zurück, um Stärken und Ressourcen zu sammeln, die Menschen brauchen. Das Rüstzeug, mit dem Sie besser mit Veränderungen zurechtkommen. Selbst die schwierigsten Erfahrungen bringen manchmal Gutes mit sich. Ihr Aufwachsen bei Ihren Eltern oder Bezugspersonen hat Sie etwas gelehrt, Sie in Ihrer Entwicklung unterstützt. Manchmal ist das, was wir Erziehung nennen, so schlecht gelaufen, dass man gar nicht schauen mag. Aber haben Sie Mut, es lohnt sich. Sie dürfen recherchieren. Im Anhang finden Sie eine kleine Übersicht, die Ihnen dabei hilft. Es gibt viele Ressourcen und Stärken zu entdecken, die Sie vielleicht gar nicht nutzen, weil Sie nicht mehr an die damaligen Zeiten denken mögen.

Damit Sie einen klaren Kopf behalten, schauen Sie doch mal, was Sie über die Erziehungsstile Ihrer Kindheit finden können. Oft ist da ein Buch im Regal Ihrer Eltern, denn schon früher gab es Erziehungsratgeber. Auch das Internet bietet viele Möglichkeiten. Machen Sie sich einfach ein paar Notizen.

Zu welcher Zeit wurden Sie geboren?

Was war gesellschaftlich wichtig?

Wie war das Menschenbild in der Zeit?

Wie hat man sich gegenüber Kindern verhalten?

Was haben Ihnen Ihre Eltern über das Leben vorgelebt?

Was mussten Sie lernen?

Wie wirkt sich das heute auf Sie aus? Worauf achten Sie heute?

. . . .

. . . .

Was können Sie deshalb weniger gut?

. . . .

. . . .

Möglicherweise haben Sie sich im Rahmen Ihrer eigenen Therapie bereits dazu Gedanken gemacht. Dann haben Sie vielleicht auch feststellen müssen, dass das Elternverhalten in der eigenen Kindheit das Entstehen der eigenen psychischen Erkrankung gefördert hat. Dass Ihnen viele wichtige andere Erfahrungen und Lernmöglichkeiten fehlen, so wie z. B. Frau Huber mit ihren Zwängen. Das sind natürlich traurige und manchmal auch bittere Erkenntnisse. Zu diesen Aspekten und Auswirkungen können Sie etwa im Buch »Unsichtbare Narben« (Jungbauer u. Heitmann 2018) nachlesen. Ein empfehlenswertes Buch, das selbst mich als Therapeutin berührt.

Die eigene Kindheit bilanzieren

Die Erfahrungen und Erlebnisse in der Kindheit sind wichtig. Wie im Vorwort beschrieben, stellen sie unsere innere Landkarte dar. Das Wissen um die Strukturen dieser Landkarte hilft uns im Alltag. So bekommen Dinge und aktuelle Geschehnisse eine individuelle Bedeutung. Sich mit der eigenen inneren Landkarte auseinanderzusetzen hilft aber auch dabei, sich vorzubereiten, Prozesse des Abschiednehmens, Verzeihens und Vergebens anzustoßen, milder zu werden mit sich und anderen. Diese Erkenntnisse sind so selbstverständlich, wie sie auch immer wieder überraschen. Beispielsweise erzählen Menschen in ihrer letzten Lebensphase gern über ihre Kindheit. Das ist auch wichtig, um der eigenen Verletzlichkeit, die mit dem Alter wächst, vorzubeugen (Freitag u. Schmidt 2016). Es hilft auch, zu bilanzieren und sich selbst und den Mitmenschen eigene Handlungen und Emotionen erklären zu können.

Kleinkinder haben Spaß, sich zu entdecken

Selbst Kleinkinder sprechen gern von ihrer Zeit als Baby, obwohl sie davon kaum etwas wissen können. Vielmehr holen Sie sich wichtige Informationen von den nahestehenden Personen und lachen dann über sich selbst. Sie freuen sich oder sind traurig über den Verlust des (bis dahin nicht erinnerten) Kuscheltieres und imitieren in kleinen Alltagsrollenspielen Ereignisse. Sie verarbeiten Erfahrungen, Informationen und lernen, sie einzusortieren. Damit legen sie einen wichtigen Grundstein für ihre eigenen Erinnerungen, ihre eigene Biografie. Retten Sie ein bisschen von diesem kindlichen Spaß, auch wenn nicht alle Erinnerungen immer Freude machen.

Prägungen lassen sich sogar im Gehirn finden

Durch bildgebende Verfahren konnte bei chronisch depressiven Patienten, die vor dem 21. Lebensjahr erstmals erkrankt waren, nachgewiesen werden, dass der Hippocampus – ein wichtiger Teil des Gehirns – durch Traumata in der Kindheit verkleinert wird. Je größer das Trauma, desto kleiner der Hippocampus. Es könnte jedoch auch sein, dass ein zu kleiner Hippocampus den Verlauf einer Depression begünstigt (Ärzte Zeitung Online 2016). Hier haben wir wieder die Diskussion über Huhn und Ei. Doch egal, was zuerst da war: Wir brauchen einen gut funktionierenden Hippocampus für unser Gedächtnis. Er transportiert Inhalte aus unserem Kurzzeitgedächtnis ins Langzeitgedächtnis. Auch für Teilvorgänge des Lernens und für die Orientierung ist er zuständig.

Zusammengefasst: Die Kindheit hinterlässt Spuren in unserem Gehirn, mit dem wir unser ganzes Leben unterwegs sind. Mit diesem Gehirn wachsen wir, lernen dazu, nehmen Herausforderungen an. Es lohnt sich, einen Kindheitsgehirn-Check-up zu machen.

Kindheitserinnerungen – wie wirklich sind sie?

Frau Malik berichtet über ein Kindheitserlebnis, an das sie und ihr Bruder unterschiedliche Erinnerungen haben.

Als sehr kleiner Junge hatte sich der Bruder von Frau Malik bei einem Abendessen aus Versehen auf eine Wespe gesetzt. Später, nachdem er sich etwas beruhigt hatte, soll er gesagt haben: »Biene hat pik gemacht.«

Schon an dieser Stelle unterscheiden sich die Erinnerungen deutlich. Und logisch betrachtet kann die Variante von Frau Malik gar nicht stimmen. Ihr Bruder war nämlich noch zu klein, um zu dieser Erkenntnis zu kommen. Auch hatte er die Wespe, auf die er sich aus Versehen gesetzt hatte, gar nicht gesehen. Nun weiter in der Variante von Frau Malik:

Ungläubige Blicke wurden ausgetauscht, denn als das Kind auf dem Arm war, war nichts am Po des Bruders zu finden. Die Wespe war auf der Sitzfläche liegen geblieben. Niemand sah eine Wespe, aber alle mussten lachen. Erst als er wieder hingesetzt wurde, konnte man sie sehen und damit auch endlich den Stich versorgen.

Der Bruder von Frau Malik hat eine andere Version derselben Geschichte gespeichert: Alle wussten von der Wespe, nur er nicht. Sie haben nicht auf ihn achtgegeben, und deshalb ist es zu dem Wespenstich gekommen. Für Frau Malik ist die Geschichte also ein heiteres Ereignis ihrer Kindheit mit ihrem Bruder. Sie war guter Stimmung, während bei ihm offenbar das gleiche Ereignis eher Verärgerung auslöste. Es lässt sich vermuten, dass auch ihre Eltern andere Varianten der Geschichte mit der Wespe zu erzählen haben. Einigkeit lässt sich nur in der Tatsache finden, dass etwas den Bruder gestochen hat, vielleicht ja sogar eine Biene.

Sie kennen das möglicherweise auch: In der Rückschau und im Austausch mit den Beteiligten kommen andere Informationen oder Erinnerungen zum Vorschein. Oder Menschen berichten, mit den Eltern über Details in der Kindheit gesprochen zu haben und nun verunsichert zu sein. Die Eltern haben bestimmte Erinnerungen nicht oder hatten einen ganz anderen Eindruck von denselben Situationen. Das Spannende daran ist auch, dass für jeden Beteiligten andere Erinnerungen und Emotionen eine Bedeutung haben.

Welche Erinnerung ist nun richtig? Darüber entscheiden wir in der Therapie oft gar nicht. Entscheidend ist, was sich eingeprägt hat. Oft sind solche Beispiele auch nur symbolisch für mehrere ähnliche Erfahrungen. Käme beispielsweise der Bruder von Frau Malik in eine Therapie und hätte Bedarf, darüber zu sprechen, wäre das Ereignis für ihn ja offenbar so wichtig, dass es notwendig ist. Als Therapeuten prüfen wir zusammen mit unserem Gegenüber, was es denn nun braucht. Geht es darum, das Ereignis verarbeitbar zu machen? Dann würde man lernen, mit solchen Erfahrungen umzugehen. Manchmal geht es auch darum, mehr Informationen einzuholen. Das ist wichtig, wenn Menschen nicht mehr an ihre Wahrnehmung glauben, wie es bei Traumatisierungen der Fall sein kann. Dann heißt es, der Wahrheit so gut wie möglich ins Auge zu blicken, um das Ereignis verarbeiten zu können und wieder an sich zu glauben. Damit einher geht dann auch die Förderung der Fähigkeit, Nein zu sagen oder sich (wieder) abgrenzen zu können.

So, das war ein kleiner Ausflug in den Therapiealltag, der Ihnen aber verdeutlichen möge, dass auch »falsche Erinnerungen« durchaus ihre Berechtigung haben.

Auf Zeit Online erschien 2018 ein Artikel über Dinge, die man über sich wissen sollte. Darin stand, dass Psychologen wissen, dass der Blick auf sich selbst doch recht verzerrt ist und wir weniger wissen, als wir denken zu wissen. Wir wissen oft nicht, was uns so im Handeln leitet. Wir denken oft anders über uns, als wir uns in der Realität zeigen. Das gilt auch für Eltern, denn bekanntermaßen sind diese auch nur Menschen. Einige der folgenden Wirkmechanismen lohnt es sich zu kennen.

Von den eigenen Gedanken über sich vollkommen überzeugt

Wir schätzen uns anders ein, als wir wirklich sind. Wenn wir beispielsweise überzeugt sind, sozial unsicher zu sein, dann glauben wir ganz fest daran. Oder wir halten uns für kritikfähig, lehnen Kritik in Wirklichkeit aber ab. Dafür haben wir dann im Nachhinein gute Erklärungen, denn grundsätzlich sind wir ja kritikfähig, doch diese Kritik war nun eben nicht konstruktiv oder derjenige, der kritisiert, »meckert eh immer«, deshalb könne man ihn nicht ernst nehmen. Etwas nicht gut zu können, erhöht die Wahrscheinlichkeit, dieses Nichtkönnen zu übersehen. Dieser Effekt heißt Dunning-Kruger-Effekt (1999, zu lesen bei BENECKE 2005). Anscheinend hilft uns die Realität nicht immer dabei, gut durchs Leben zu kommen. Ein bisschen Selbstüberschätzung kann auch gut sein. Schlau wäre es, zu wissen, wann wir uns selbst überschätzen, denn dann könnten wir schneller und angemessener reagieren und uns wieder auf einen guten Weg bringen.

Stimmungsabhängiges Erinnern

Ein weiterer Effekt, über den wir uns im Klaren sein sollten, ist das stimmungsabhängige Erinnern. Was bedeutet das? Ganz einfach: Die gerade vorherrschende Stimmung entscheidet mit, woran wir uns erinnern. Das sind dann die Erinnerungen, die gut zur aktuellen Stimmung passen – und die anderen treten in den Hintergrund.

Achten Sie also darauf, in welcher Stimmung Sie die Fragen zu Ihrer Kindheit beantworten. Ich empfehle Ihnen, die Stimmung, in der Sie sich den folgenden Fragen widmen, aufzuschreiben. Sie können auch pro Stimmung eine Farbe für den Stift, mit dem Sie schreiben, auswählen. Wenn Sie an einem anderen Tag in einer anderen Stimmung antworten, nutzen Sie eine neue Farbe. Ich habe eine kleine Tabelle vorbereitet, in der Sie die Stimmungen und Farben eintragen können.

Stimmung	Farbe des Antwortstiftes

Nutzen Sie auch für die zukünftigen Antworten Farbstifte, denn so können Sie Ihre Antworten später gewichten und etwas realistischer einschätzen.

Sollten Ihnen heute in etwas genervter Stimmung keine guten Erfahrungen einfallen, heißt das, dass die Erinnerungsschubladen im Gehirn gerade geschlossen sind. Wenn Sie Ihr Erinnerungsbild stets in einer bestimmten Stimmung vervollständigen, dann wird diese Stimmung Ihr Bild dominieren. Kommen Sie daher morgen bzw. in einer anderen Stimmung wieder, öffnen Sie das Buch und ergänzen Sie dann die Fragen. Nehmen Sie sich Zeit, gern auch immer wieder neu, nur so wird das Bild vollständiger. Es ist ein bisschen wie Malen nach Zahlen.

Malen nach Zahlen-Bild

Wenn Sie heute etwa nur den blauen Stift in die Hand nehmen können, ergibt es heute eben auch nur Sinn, das farbig anzumalen, was blau ist, also alle Erinnerungen, die zu der Farbe Blau passen. Die blau gefärbten Felder lassen einiges erahnen, geben aber noch lange kein Gesamtbild vom Leben ab. Das beobachten wir auch in der Therapie sehr deutlich: Der am Anfang bearbeitete Lebensfragebogen liefert viele Informationen über die momentane Stimmungslage. Die schmerzhaften Erfahrungen stehen im Vordergrund und wollen beachtet werden. Aber wir wissen auch: Nicht alles muss im Detail betrachtet werden, denn wenn es aus dem tiefen Tal der psychischen Belastung herausgeht, sieht auch das Leben nicht mehr so düster aus. Gute und andere Erinnerungen kommen dazu. Sie können sie später gern ergänzen. Wirklich verletzende, die Krankheit aufrechterhaltende Erfahrungen sollten aber auch dann in den Fokus rücken, wenn das seelische Gleichgewicht wiederhergestellt ist. Sonst lauern sie im Hintergrund und erhöhen die Wahrscheinlichkeit, erneut zu erkranken. Uns Therapeuten gibt die Menge der Erinnerungen einen guten Gesamteindruck.

Gute Erinnerungen

Möchten Sie mit den guten Erinnerungen anfangen? Falls Sie gerade in keiner guten Stimmung sind und es dennoch eilig haben, stöbern Sie mal in Ihrem Fotoalbum. Das darf auch Ihr inneres Album sein. Suchen Sie ein Bild von sich, worauf Sie in guter Stimmung sind und auf dem Sie sich mögen. Ein bisschen mögen ist auch okay. Falls das wider Erwarten sehr lange dauert, geht es Ihnen vermutlich entweder gar nicht so gut. Dann bearbeiten Sie lieber das nächste Kapitel. Oder Sie haben hohe Ansprüche an sich und nichts ist gut genug. In dieser Stimmung ist vermutlich, wie man so sagt, »nicht gut Kirschen essen« mit Ihnen. Vielleicht merken Sie die Anstrengung gar nicht mehr, weil Sie gewohnt sind, hohe Erwartungen an sich zu haben und diese auch zu erfüllen, egal wie viel Kraft es im Moment kostet. Was können Sie tun?

Nehmen Sie das erstbeste Bild und dann ab in die Hängematte mit Ihnen, aufs Sofa, in den Park, auf die Wiese, an den Strand. Vielleicht einen Tee oder Kaffee dazu? Versuchen Sie, einzutauchen in das Bild, das Sie gerade in der Hand haben. Nehmen Sie den Augenblick auf dem Foto und lassen Sie die Erinnerungen kommen. Versuchen Sie, über die kleinen Eindrücke des Sehens, Fühlens, Riechens, Schmeckens und Hörens einen Einstieg zu finden. Beginnen Sie mit dem Sinn, der Ihnen auch im Alltag am leichtesten fällt. Ergänzen Sie nach und nach die anderen Eindrücke. Störende Gedanken lassen Sie einfach vorbeiziehen oder bauen diese ein, indem Sie sich verdeutlichen, wie sehr sie Ihnen zeigen, dass Sie jetzt diese Auszeit brauchen.

Wie geht es Ihnen jetzt? Schauen Sie auf die andere Auswahl von Bildern. Geht es nun leichter? Falls ja, tasten Sie sich an die Erinnerungen. Falls nein: Genießen Sie die Auszeit einfach weiter – auch ein Buch kann warten.

Über solche Bilder können Sie an die guten Erinnerungen herankommen. Vielleicht liegen sie heute aber auch obenauf und es fällt Ihnen leicht, sie zu notieren.

Welche guten Erinnerungen bringen Sie aus der Kindheit mit?

. . . .

. . . .

Welche guten Erfahrungen haben Sie, vielleicht trotz schwieriger Zeiten? Das können z. B. Eltern sein, die Sie trotz Mobbingerfahrungen in der Schule beschützt und unterstützt haben.

. . . .

. . . .

Welche Spiele haben Sie als Kind gern gespielt?

Welche Hobbys hatten Sie?

Mit welchen Freunden haben Sie schöne Zeiten verbracht?

Bei wem haben Sie sich uneingeschränkt wohlgefühlt, Nähe erfahren und Zuneigung gespürt?

Gab es verrückte Abenteuer, elterliche Verbote, die Sie übertreten haben und die Ihnen in dem Moment Spaß und Vergnügen bereitet haben?

Fallen Ihnen witzige Situationen aus Ihrem Leben ein? Die Geschichte mit dem Wespenstich am Anfang des vorhergehenden Kapitels kann so ein Beispiel sein. Notieren Sie diese so ausführlich, wie Sie es für richtig halten.

Welche Geschenke und Gesten haben Ihnen als Kind viel bedeutet?

Notieren Sie Ereignisse mit einer schönen Bedeutung für Sie, z. B. Einschulung, Weihnachten, Urlaube.

Vielleicht können Sie auch klare Lebensphasen abgrenzen. Hier haben Sie also die Möglichkeit, in Ihrem Lebensbuch ein paar Kapitel mit diesen Erinnerungen und Geschichten zu füllen. Vermutlich tauchen noch mehr Erinnerungen auf, die zu keiner der Fragen passen. Falls es Fotos davon gibt, legen Sie diese einfach zwischen die Seiten dieses Buches.

Ungewollte Erinnerungen

Es gibt ungewollte Erinnerungen, die sich über den Effekt des stimmungsabhängigen Erinnerns erklären lassen. Schreiben Sie diese auf ein Blatt Papier und legen Sie es zu diesem Kapitel. Schreiben Sie die Erinnerungen wieder in Farben auf, damit Sie sich erinnern können, in welcher Stimmung sich welche Erinnerungen melden können. Es ist so, dass sich die Ereignisse auch mit der aktuellen Erinnerung im Detail ein bisschen andersfarbig darstellen. Es ist gut, um diesen Effekt zu wissen. So gelingt es, bestimmte Erinnerungen zu relativieren, ihnen vielleicht die Dynamik zu entziehen. Sie dürfen etwas »dicker« auftragen, weil Sie heute einfach etwas zu sachlich unterwegs sind und sonst wichtige, emotional bedeutsame Aspekte untergehen würden.

Dann gibt es Erinnerungen, die den Charakter des Wiedererlebens haben. Plötzlich und unerwartet kommen Bilder, Geräusche oder einzelne Details von Erlebnissen auf. Manchmal sind es auch intensive Gefühle, Geruchs-, Geschmacks- oder Körperempfindungen, die mit der aktuellen Situation scheinbar gar nichts zu tun haben. Das kann auch nachts im Schlaf passieren, und Albträume lassen Sie wach werden. Es ist mehr als verständlich, dass Sie das nicht wollen und alles tun, um dieses Wiedererleben wegzuschieben. Diese Art des Wiedererlebens ist ein Hinweis auf eine Traumaerkrankung, eine posttraumatische Belastungsstörung, die sich auch spät nach einem bedrohlichen Ereignis einstellen kann. Hier braucht es professionelle Unterstützung, denn es ist kaum möglich, das Wiedererleben ohne Unterstützung in den Griff zu bekommen. Stattdessen kann es intensiver und hartnäckiger werden und öfter auftauchen. Bitte nehmen Sie dies und sich ernst. Im Anhang finden Sie Adressen, an die Sie sich wenden können.

Schmerzhafte Erinnerungen gehören wohl zu jeder Kindheit. Es gibt jedoch große Unterschiede, die beachtet werden müssen, um wirklich schwierige Kindheitserfahrungen entsprechend zu würdigen. Einer davon ist die Häufigkeit der schmerzhaften Erinnerungen. Natürlich machen auch die Komplexität und Heftigkeit von schwierigen Erlebnissen die Verschiedenartigkeit aus. Wir unterscheiden auch, ob quälende Erfahrungen sich wiederholen, also immer wieder aufgetreten sind. Und ganz wesentlich ist, wann ein Mensch im Laufe seiner Entwicklung mit schmerzhaften Erfahrungen konfrontiert ist. Denn wir haben in den unterschiedlichen Entwicklungsphasen unterschiedliche Fähigkeiten, den Ereignissen zu begegnen. Weshalb ist das für Ihr Ziel, Ihre anstehende Veränderung wichtig? Ein Beispiel mag ein paar Aspekte verdeutlichen:

Herr Taylor erzählt, dass er gebeten wurde, seinen älteren Bruder, der schwer erkrankt ist, zu Hause zu pflegen und ihm gute letzte Wochen, Tage und Stunden zu ermöglichen. Genau wie Herr Taylor hatte sein Bruder eine schwierige Kindheit in der Nachkriegszeit. Er machte dieselben Erfahrungen wie Herr Taylor, nur eben mit mehr Fähigkeiten, diese verarbeiten zu können, weil er älter war. Herrn Taylor selbst quälten Ambivalenzen, die kaum jemand nachempfinden konnte. Er war im dritten und vierten Lebensjahr damit konfrontiert gewesen, zu Hause bei der Versorgung seines sterbenden Vaters helfen zu müssen. Er musste Rücksicht nehmen, durfte keine seiner Entwicklungsphasen und freudigen Ereignisse emotional ausdrücken, denn Lautstärke war in diesem Haus verboten. Stattdessen sollte er der Mutter helfen und wurde ab und zu aufgefordert, seinem Vater Gesellschaft zu leisten. Für einen Drei- bzw. Vierjährigen waren das qualvolle Stunden, die ihn überforderten. Sein Bruder war acht Jahre älter und suchte in der Zeit das Weite, so oft er konnte. Für ihn sind von dieser Zeit völlig andere Erinnerungen präsent. Er konnte besser für sich sorgen und sich abgrenzen. Herr Taylor selbst hat diese Zeit als quälende und schmerzhafte Erinnerung gespeichert, in der ihn sogar sein Bruder im Stich gelassen hatte. Er dachte, seine Mutter unterstützen zu müssen, und wurde so zu einem engen Vertrauten. Doch

natürlich überforderten ihn auch ihre Sorgen. So war der kleine Junge mit all diesen Erfahrungen und Erwartungen oft allein.
Die Bitte, seinen Bruder, der ihn in seinem Erleben auch noch mit all dem im Stich gelassen hatte, nun ebenso wie den Vater pflegen zu sollen, brachte ihn wieder in die Erinnerungen und verursachte großen Leidensdruck. Zusätzlich entstanden quälende Schuldgefühle, da das Umfeld mit Unverständnis reagierte, weil er dem Bruder diese menschliche Geste verwehren wollte. Das ist übrigens auch ein typisches Beispiel dafür, wie eine Depression (wieder neu) entstehen kann. Weil Herr Taylor mit all dem allein war, hat er damals gar nicht lernen können, sich Hilfe zu holen. Würde er sich nun grübelnd mit all diesen Dingen wieder zurückziehen, könnte eine Depression an die Tür klopfen.

Dies ist eine Geschichte, wie sie häufig in Familien vorkommt. Da aber das Umfeld von Herrn Taylor eben gar nichts über dessen Kindheit und die Erfahrungen mit dem sterbenden Vater weiß, kann es seinen Konflikt überhaupt nicht nachvollziehen. Auf die Freunde und Verwandten wirkt es kalt und hartherzig, wie Herr Taylor in einer Phase, in der es dem Bruder doch so schlecht geht, nur an sich denkt. Was kann passieren? Sie ahnen es: Menschen wie Herr Taylor ziehen sich zurück und nehmen vielleicht dringend benötigte Hilfe gar nicht an. Herr Taylor hat aber auch nicht gelernt, diese einzufordern – und die Falle ist perfekt. Er könnte an dieser Entwicklungsaufgabe scheitern. Nun hat er zwei Möglichkeiten: Entweder er nimmt seinen Bruder auf, pflegt ihn, schafft es vielleicht nicht, Unterstützung einzufordern, und alte Erinnerungen und Gefühle quälen ihn. Oder er lehnt es ab, seinen Bruder zu pflegen, mit für ihn guten Gründen. Dann könnte sich sein Umfeld abwenden, er wäre viel allein und mit seinen Schuldgefühlen und quälenden Gedanken, etwas Unmenschliches getan zu haben, wieder ohne jegliche Unterstützung.

Klarheit mit ein bisschen Abstand

Jetzt, da Sie fast die ganze Geschichte von Herrn Taylor kennen, fallen Ihnen bestimmt noch ein paar weitere Lösungsvarianten ein. Von außen haben wir nämlich mehr Abstand zu den Dingen und können vielleicht bessere Ideen für gute Lösungen entwickeln. Aber selbst wenn Herr Taylor sich für einen dieser Wege entscheidet, muss er sich mit wirklich gutem Herzen von seinen zwei Varianten verabschieden können. Er braucht seine Energie und Kraft, um mit der Herausforderung zurechtzukommen und eventuell sogar gute neue Erfahrungen machen zu können, die ein bisschen die alten Kindheitswunden heilen. So wird deutlich, dass es wirklich sinnvoll ist, sich mit der eigenen Kindheit auseinanderzusetzen. Das kann man auch machen, wenn man bereits auf dem Weg ist, sich ein »Bauchgrummeln« einstellt und man einfach nicht weiterkommt.

Erlauben Sie sich, auch auf Ihre schmerzhaften Erfahrungen zu schauen. Ein paar der folgenden Fragen sollen Sie dabei unterstützen. Sie haben auch hier wieder die Möglichkeit, die Erfahrungen und Erinnerungen in Ihr Lebensbuch bei den entsprechenden Kapiteln einzuordnen. So wird Ihr Buch und das gelebte Leben darin immer vollständiger. Notieren Sie schmerzhafte Erinnerungen in der für Sie richtigen Voll- oder Unvollständigkeit. Sie entscheiden, was Sie brauchen. Was das ist, weiß man manchmal erst beim Aufschreiben. Oder hinterher, wenn man merkt, dass Geschichten und Emotionen einen nicht loslassen wollen. Dann lohnt es sich, sie zu ergänzen.

Gehen Sie nun gedanklich durch Ihr Leben, Ihre Kindheit und Jugend.

Wie fühlt sich ein Kind, das in Ihrem Leben aufwächst?

. . . .

. . . .

Welche schmerzhaften Erfahrungen fallen Ihnen schnell ein?

. . . .

. . . .

Schreiben Sie hinter diese Ereignisse auch, wie alt Sie dabei waren.

. . . .

. . . .

Hatten Sie von Geburt an oder auch später körperliche Beeinträchtigungen oder psychische Besonderheiten? Das können Geburtsschäden sein, frühe Asthmaerkrankungen, ADHS etc.

. . . .

. . . .

Wie ist man in Ihrer Familie damit umgegangen?

. . . .

. . . .

Was waren wichtige und intensive Momente in Ihrem Leben?

. . . .

. . . .

Gab es aus heutiger Sicht Rahmenbedingungen, die belastende Besonderheiten für das Aufwachsen eines Kindes darstellten? Beispiele: finanzielle Nöte oder psychisch erkrankte Familienangehörige.

. . . .

. . . .

Gab es Ereignisse oder Vorfälle, über die Sie noch nie, fast nie oder nur mit ganz wenigen Menschen gesprochen haben? Beispiele: körperliche Übergriffe oder andere Grenzerfahrungen.

. . . .

. . . .

Haben Sie Ihren Lebensmittelpunkt durch Umzüge wechseln müssen? Wie haben Sie das als Kind kurzfristig und langfristig wahrgenommen?

. . . .

. . . .

Haben Ihre Eltern unter eigenen schwierigen Erfahrungen gelitten? Welche Auswirkungen haben Sie davon gespürt?

. . . .

. . . .

Gab es Erkrankungen, die Ihre Eltern hatten und die Sie sehr geprägt haben? Beispiele: Mutter mit Zwangsstörungen, Vater mit Traumata aus Kriegserfahrungen.

. . . .

. . . .

. . . .

Manchmal existiert in Familien ein großer Mangel an Zuneigung, körperlicher Nähe, emotionalem Einlassen auf andere Familienmitglieder, finanzieller Grundversorgung etc. War das auch bei Ihnen so?

. . . .

. . . .

. . . .

Ist ein nahes Familienmitglied verstorben? Wie wurde damit in Ihrer Familie umgegangen?

. . . .

. . . .

Es gibt Menschen, die bei all diesen Fragen gar nichts einzutragen haben. Vielleicht werden Sie, falls Sie einige belastende Erfahrungen aufgeschrieben haben, nun traurig und auch ein bisschen neidisch sein. Das ist völlig normal, gestehen Sie sich das zu. Denn anders, als es oft kommuniziert wird, heißt das eben nicht, Sie »gönnen« es den anderen nicht. Nein, stattdessen fühlen Sie, was Ihnen gutgetan hätte. Das ist sogar positiv, wenn Sie es als Anlass nehmen, ein bisschen davon nachzuholen und für sich zu sorgen.

Glückliche Kindheit und später unglücklich?

Man könnte auch vermuten, dass jemand, der bei den Fragen im vorhergehenden Abschnitt nichts einzutragen hat, einfach ein glückliches und zufriedenes Kind war. Sie werden es kaum glauben, aber aus meiner Erfahrung sind das keineswegs immer die besseren Grundlagen. Nun denken Sie vielleicht: »Psychologen finden auch immer ein Haar in der Suppe.« Und vielleicht stimmt das ein bisschen. Das liegt aber auch daran, dass wir viele, viele Geschichten hören.

Frau Lopez sitzt eines Tages mit ihrer Freundin zusammen, die über ihre schwierige Kindheit berichtet. Sie wird mit ihrer Freundin traurig und schämt sich fast, dass sie für sich nur sagen kann, dass sie eine glückliche Kindheit hatte. Es ist ihr fast so unangenehm, dass sie ihrer Freundin von all ihrem Glück etwas abgeben will. Aus Sicht von Frau Lopez hat ihre Freundin auch aktuell eine Menge an Belastungen in ihrer Beziehung. Der Lebenspartner ihrer Freundin hat den Job verloren, und finanziell sieht es in ihrem Alltag ganz schön eng aus. Komischerweise sieht die Freundin von Frau Lopez das jedoch überhaupt nicht als Belastung. Ja, es ist weniger Geld da als vorher, aber schwierige Phasen im Leben gehören doch dazu und sind kein Weltuntergang. Im Zuge dessen berichtet ihre Freundin von der Arbeitslosigkeit ihrer Eltern, kurz nachdem sie ein Haus gebaut hatten. Eigentlich wurde jeder Groschen benötigt. Dennoch ist es ihnen gelungen, diese Zeit zu überbrücken und es sich mit den Kindern trotzdem schön zu machen. Frau Lopez stellte sich genau diese Situation als sehr schrecklich vor. Sie kannte solche Lebensphasen und Nöte nicht. Sie hatte keine Ideen, wie man finanziell eingeengt gut leben kann. Ihr fehlten schlicht die Erfahrungen. Als sich nun der Mann von Frau Lopez aus der für sie bis dahin glücklichen Beziehung löste, brach für sie eine Welt zusammen. Sie musste die Kinder allein versorgen, es war nicht mehr genug Geld da. Trennungen kannte Frau Lopez nicht, also wusste sie nicht, wie man Abschied von einem Menschen nimmt, der noch lebt. Ihr fehlte die Erfahrung solcher Lebenssituationen. Sie hatte in ihrer Kindheit dafür wenig Werkzeug an die Hand bekommen.

Sie können sich vorstellen, dass Frau Lopez nun ein wenig anders über ihre Kindheit nachdenken musste. Natürlich galt es jetzt erst einmal, sich den Veränderungen zu stellen. Aber sie hatte es im Gegenteil viel schwerer, sich anzupassen, als ihre Freundin. Diese konnte ihr nun Unterstützung anbieten und mit Rat und Mitgefühl zur Seite stehen.

Wenn Sie bezüglich bestimmter Erinnerungen noch unentschieden sind, wie Sie diese einordnen wollen, ist hier noch Platz, sie erst einmal zu ergänzen. Sie können die Erinnerungen dem Lebensalter oder den verschiedenen Kapiteln in Ihrem Lebensbuch zuordnen.

Rüstzeug und Stärken – mit dem Werkzeugkoffer unterwegs

Im Leben lernt man, ob man will oder nicht. Die Voraussetzungen, von denen wir umgeben sind, aktivieren fast von selbst den lebenswichtigen Anpassungsmechanismus. »Moment mal«, werden Sie jetzt vielleicht denken. Sie kennen nämlich sicher durchaus Menschen, die sich scheinbar gar nicht verändern oder anpassen können. Hier gilt es zu bedenken, dass das genau deren Anpassungsmechanismus im Leben ist, der ihnen geholfen hat zu überleben. Das klingt vielleicht ein wenig dramatisch, aber jemand sagte mal in einem Gespräch: »... meine einzige Chance, in diesem schrecklichen Auf und Ab durchzukommen, war es, stabil und ich selbst zu bleiben. Ich hätte es sonst nicht geschafft.«

Widerstand ist keineswegs zwecklos

Überlegen Sie sich mal, wie viel Kraft, Anstrengung und Strategien es braucht, allem von außen zu widerstehen und »nur man selbst zu bleiben«. Wie oft verbiegen wir uns im Alltag, weil wir glauben, es wäre wichtig, sich anzupassen. Und denken hinterher: »Das bin doch nicht ich gewesen.« Ja, und warum nicht? Weil es Ihnen vielleicht schwergefallen wäre, Nein zu sagen oder dem anderen einen Gefallen abzuschlagen. Oder Sie haben sich Sorgen um Ihr Bild bei den anderen gemacht, die ja sonst von Ihnen denken könnten, Sie wären egoistisch und intolerant. Es gibt also manchmal wirklich gute Gründe, man selbst und unverändert zu bleiben. Dafür muss man aber auch eine Menge Rüstzeug im Gepäck haben.

Sie haben sich schon mit einigen Ihrer Erinnerungen auseinandergesetzt. Daraus können Sie nun ganz leicht ableiten, was Sie gelernt haben.

In den vorangegangenen Kapiteln haben Sie Ihre Erinnerungen gesammelt. Einige von ihnen haben für Sie vermutlich eine besondere emotionale Bedeutung. Sie können diesen Erinnerungen gerne wieder Überschriften geben. Das können Stichworte sein, unter denen Sie sie gespeichert haben, Filmtitel, berühmte Sätze oder Zitate – alles, was sich eignet und Ihnen einfällt. Zwei Beispiele für Herrn Taylor sind in der Tabelle unten zur Verdeutlichung ausgeführt.

Ergänzen Sie im Folgenden Ihre Erinnerungen und vervollständigen Sie die Spalten, indem Sie die Fragen beantworten. Falls Sie keine Antwort haben, lassen Sie die Spalte einfach frei.

Erinnerung – Überschrift	Was habe ich in diesem Zusammenhang über mich gelernt?	Was habe ich über andere Menschen gelernt?	Was habe ich über das Leben oder das sogenannte Schicksal gelernt?
Rücksicht nehmen	*Ich kann meine Gefühle zurückstellen.*	*Anderen Menschen kann es schlechter gehen als mir.*	*Es gibt ein natürliches Ende.*
Vaters Leiden	*Ich kann meine Überforderung gut wahrnehmen.*	*Meine Eltern waren auch überfordert.*	*Auch Überforderung gehört zum Leben.*

Fällt Ihnen etwas auf? Sind es immer ähnliche Sätze? Bei Herrn Taylor erkennen wir, dass die Themen »Gefühle« und »Überforderung« sehr relevant für ihn sind. Haben Sie verschiedene Antworten gefunden? Vermutlich wird die Vielfalt mit den Erinnerungen, die Sie dort aufführen, auch größer. Alles in allem ist das erst einmal das Rüstzeug, die Fähigkeiten und Stärken, mit denen Sie an Herausforderungen herangehen.

Falls Sie sich noch gar nicht an das Erinnerungskapitel getraut haben oder Ihnen bisher die Zeit fehlte, probieren Sie, die Antworten zu Ihren Ressourcen und Stärken aus dem Stegreif zu finden. Ein bisschen Unterstützung erhalten Sie im Anhang (siehe S. 215 ff.). Dort ist eine Auswahl an Rüstzeug und Stärken ausgeführt, die Sie für sich gern auch ergänzen können. Oder umgekehrt: Sie können die Anregungen nutzen, um Ihre Ausführungen zu ergänzen.

In drei Ecken denken

Im Folgenden sehen Sie ein Dreieck mit ähnlichen Anregungen, die auf dieselben Aspekte abzielen. Sie sind allgemeiner formuliert, deshalb aber nicht weniger gültig. Im Gegenteil: Die Antworten geben Hinweise auf das Rüstzeug, mit dem Sie durchs Leben gehen. Wenn Sie die oben dargestellte Tabelle ausgefüllt haben, versuchen Sie sich auch mal an dieser kleinen Aufgabe. Es kann sein, dass Ihnen die Antworten neue Erkenntnisse geben oder gar Widersprüche aufdecken, die unter Umständen neues Rüstzeug freilegen. Oder umgekehrt: Nachdem Sie die allgemeineren Fragen beantwortet haben, fällt es Ihnen vielleicht auch leichter, auf die Erinnerungsdetails zu schauen und sich die Fragen für die einzelnen Erinnerungen zu stellen.

In drei Ecken denken

Dieses Dreieck ähnelt ein bisschen dem Modell der kognitiven Triade nach Aaron Beck (Wright u. Beck 1986). Der Psychiater und Psychotherapeut Beck hat eine ähnliche Triade für eine depressive Erkrankung als Grundlage für depressives Denken veröffentlicht. Statt der Ecke über das »Leben / Schicksal« findet sich dort die Frage nach Gedanken an die Zukunft. Die Zukunft ist in einer Depression oft sehr hoffnungslos und macht daher vielen Erkrankten große Sorgen. Das kann sogar Gedanken an die Sinnlosigkeit des Lebens oder Ängste vor der Zukunft verursachen und sehr quälend sein. Sollte das bei Ihnen der Fall sein, nutzen Sie bitte eine der vielen Möglichkeiten der ärztlichen oder psychotherapeutischen Unterstützung.

Im obigen Dreieck ist die Frage nach dem Leben und Schicksal enthalten. Weshalb? Je nachdem, was Sie dort antworten, brauchen Sie andere Werkzeuge, um sich dem stellen zu können. Und die haben Sie ja im Gepäck, mit denen treten Sie also an Ihr Ziel, Ihre Herausforderung, Ihr Leben heran. Sie haben jetzt Antworten, aber Ihren Werkzeugkoffer können Sie noch nicht erkennen? Dann lassen Sie uns Ihre Fähigkeiten und Fertigkeiten freilegen.

Rüstzeug oder Werkzeugkoffer

Dazu bietet sich wieder eine Tabelle an, die Sie natürlich beliebig fortführen können. Zwei Beispiele finden Sie als Idee:

Meine Antwortsätze	Meine Fähigkeiten und Fertigkeiten / Stärken: Was tue ich dafür konkret im Alltag? Wie verhalte ich mich deshalb im Alltag?
Im Leben geht es immer mal bergauf und bergab.	*Ich bin recht gelassen, wenn etwas passiert, und nehme mir Zeit für unerwartete Ereignisse.* *→ Gelassenheit* *→ Sich-Zeit-nehmen-Können*
Anderen Menschen kann man nur bedingt vertrauen.	*Ich achte recht genau darauf, wem ich was erzähle. Ich trage mein Herz nicht auf der Zunge.* *→ Ich kann Unterschiede zwischen Menschen machen.* *→ Ich kann aufpassen, was ich wem sage.*

Nun haben Sie eine kleine Sammlung Ihres persönlichen Rüstzeugs. Gern können Sie es gewichten und sich prüfen, zu welchem Sie häufig greifen. Kennzeichnen Sie das Rüstzeug, zu dem Sie häufiger greifen. Überlegen Sie anhand von bewältigten Aufgaben in Ihrem Leben: Welches Werkzeug haben Sie wirklich genutzt? Manchmal taucht auch neues auf. Denn wie eingangs erwähnt, verändern wir uns ja ständig und lernen dazu. Von daher überlegen und notieren Sie für sich bereits bewältigte Entwicklungsaufgaben.

Was haben Sie als Kind lernen müssen?

Was haben Sie aus der Pubertät an Veränderungen mitgenommen?

Welche Erfahrungen haben Sie in Ihrer Ausbildung, Ihrem Studium, in Praktika gemacht, die Sie auch heute prägen?

Wie war für Sie der Berufseinstieg? Gab es Wechsel auf der Karriereleiter, nach unten oder nach oben?

Gab oder gibt es Phasen, in denen Sie ohne Arbeit waren bzw. sind? Was haben Sie daraus gelernt?

Was haben Sie in Partnerschaften, auch in der aktuellen, gelernt und für sich verändert?

. . . .

. . . .

Haben Sie Kinder? Wie ist Ihnen der Rollenwechsel als Elternteil gelungen? Was haben Sie dazugelernt? Welche Auswirkungen können Sie bei sich in der Partnerschaft, gegenüber Freunden und im Beruf bemerken?

. . . .

. . . .

Waren Sie selbst mal ernsthaft und / oder lange erkrankt? Was haben Sie dabei gelernt?

. . . .

. . . .

Haben oder hatten Sie erkrankte nahe Angehörige oder Freunde in Ihrem Umfeld? Inwieweit beeinflusst das Ihr Leben? Was haben Sie aus deren Erfahrungen gelernt bzw. was lernen Sie?

. . . .

. . . .

Hier ist Platz für etwas, das bisher noch keinen hatte, z. B. wenn Sie jemanden in Ihrem Leben verloren haben, der Ihnen sehr nahestand.

. . . .

. . . .

Sie sehen, es gibt immer etwas zu lernen. Anhand der Antworten können Sie nach dem Muster der Tabelle wieder die Fähigkeiten und Strategien herauslesen. Ihre Liste ist vermutlich schon recht lang. Sie können Sie auch verlängern, wenn Sie mal Ihre Freundinnen und Freunde fragen, was diese denken, was Sie gut können. Dazu gehören auch Bezugspersonen oder selbst gewählte Mentoren, die Sie geprägt haben. Sie können sich hier eine Übersicht darüber verschaffen, wer Sie geprägt hat und wen Sie eventuell befragen könnten.

Folgende Menschen waren für mich in meinem Leben wichtig:

Lassen Sie hinter jedem Namen ein wenig Platz, damit Sie im zweiten Schritt ergänzen können, zu welchen Stärken und Ressourcen diese Menschen Ihnen Auskunft geben könn(t)en. Manchmal haben sie nur einen bestimmten Bereich Ihres Lebens bzw. Ihrer Person kennengelernt. Daher werden Sie vermutlich auch unterschiedliche Informationen bekommen. Vielfalt ist eine schöne Quelle für Rüstzeug.

In meiner Familie gab es folgende prägende Bezugspersonen (Sie können von den Personen auch ein Foto beilegen):

Im weiteren Leben haben mich folgende Menschen begleitet:

Selbst gewählte Personen, z. B. im Sportbereich, im Berufsalltag waren:

Welche Informationen können die einzelnen Personen mir geben?

Oder Sie hören bei den Mitarbeitergesprächen im Job, wenn diese ehrlich geführt werden, mal genau hin und sammeln die Rückmeldungen zu Ihren Fähigkeiten und Fertigkeiten ein. Es gibt viele Möglichkeiten, die Liste fortzuführen, und bitte tun Sie das auch in Zukunft.

Wir lernen auf unterschiedliche Arten. Zum Beispiel müssen (oder sollten) wir lernen, wenn der Leidensdruck oder der Schaden für uns zu hoch ist. Besonders gut lernen wir, wenn wir uns unseren Entwicklungsaufgaben stellen. Manche Weiterentwicklungen kommen aber auch ins Stocken, etwa wenn wir kein Werkzeug dafür im Gepäck haben oder es immer nur mit demselben wie sonst versuchen. Und natürlich gibt es auch Rahmenbedingungen, die es wirklich schwer machen, gut durch einen Entwicklungsprozess zu kommen.

Entbehrungen, offengebliebene Wünsche und Bedürfnisse

In diesem Abschnitt schauen wir gemeinsam auf das, was im Leben bisher nur wenig oder kaum Beachtung gefunden hat. Das können Wünsche nach einem guten und heilen Familienleben sein, aber auch die Entbehrungen, das Fehlen von z. B. emotionaler Zuwendung, kindgerechter Aufmerksamkeit oder finanzieller Versorgung. Manche Kinder wachsen unter Rahmenbedingungen auf, die es kaum oder gar nicht zulassen, dass man sich um ihre Bedürfnisse kümmert. Das kann der Fall sein, wenn einer oder beide Elternteile des heute Erwachsenen psychisch oder körperlich erkrankt waren. Diese Erkrankungen und der Umgang damit haben dann den Alltag bestimmt, und das Kind musste lernen, ganz nebenbei groß zu werden, ohne eine Belastung darzustellen. Finanzielle Nöte belasten Eltern oft, und so gelingt es ihnen nicht, sich ausreichend auf die Kinder und deren Alltag zu konzentrieren. Ständig stehen Überlegungen im Raum, wo und wie noch Geld zu beschaffen sein könnte. Familien, in denen das soziale Versorgungssystem eine große Rolle spielt, können einem Kind manchmal nicht vermitteln, dass das Streben nach Zielen wichtig für den Selbstwert ist.

Angriff auf den Selbstwert

Es gibt auch Familien, in denen kindliche Bedürfnisse mit Gewalt und Grenzübertretungen übergangen werden. Dazu gehören körperliche und seelische Misshandlungen, sexuelle Übergriffe durch Erwachsene. Oder die Kinder werden eingebunden und ausgenutzt, um Streitigkeiten von Eltern auszutragen. Tiefe Loyalitätskonflikte können quälend für Kinder sein, die doch Vater und Mutter lieben und brauchen.

Bedürfnisse haben dürfen

Stöbern Sie ruhig noch mal in den Erinnerungskapiteln, insbesondere in dem der »schmerzhaften Erinnerungen« (siehe S. 55 f.). Dort können Sie Zugang zu Ihren unerfüllten Wünschen und Bedürfnissen sowie Entbehrungen in der Kindheit finden. Bedürfnisse gehören zum Menschsein und zum Leben dazu. Sie sind immer mal gut gesättigt oder auch unerfüllt. Im Erwachsenenalter sollten wir gelernt haben, sie uns selbst zu erfüllen. Deshalb ist es wichtig, zu wissen, was Bedürfnisse sind und wie man über sie spricht. Eine kleine Liste mit Bedürfnissen und kurze Erklärungen zu jedem einzelnen finden Sie im Anhang.

Welche Bedürfnisse, Entbehrungen und unerfüllten Wünsche kennen Sie aus Ihrer Kindheit? Schreiben Sie diese auf.

Wie sieht es in Ihrem aktuellen Lebensalltag aus? Was fehlt Ihnen?

Welche Wünsche sind in weite Ferne gerückt oder gar nicht erfüllbar?

Wie sieht es mit Ihren aktuellen Bedürfnissen aus?

Gibt es aktuell Entbehrungen?

Wenn Sie es schaffen, gewichten Sie die Bedeutung der Bedürfnisse im Alltag durch unterschiedliche Farben. Falls das für Sie im Moment zu viel ist, nutzen Sie die Gelegenheit, um eine Pause zu machen. Sie können die Übung aus dem Abschnitt zur eigenen Handschrift (siehe S. 18 f.) nutzen und sich eine Auszeit nehmen. Oder Sie legen das Buch einfach zur Seite und tun im Alltag etwas Gutes für sich.

Falls Sie am Ball bleiben mögen, nehmen Sie das Ampelsystem zu Hilfe, um Ihre Themen zu gewichten:

Rot → Starke Beeinträchtigung, das Thema steht deutlich im Vordergrund und nimmt viel Raum und Zeit in meinen täglichen Gedanken und Handlungen ein. Beispiel: stundenlang auf Datingportalen online sein.

Ihre Eintragungen:

Orange → Die Beeinträchtigung ist hin und wieder zu spüren. Wenn ich, z. B. durch äußere Erlebnisse, Ereignisse, Begegnungen und Bemerkungen, daran erinnert werde, werde ich sehr emotional. Ich brauche dann einige Zeit, um mich davon zu erholen. Beispiel: Mütter mit Babys sehen.

Ihre Eintragungen:

Grün → Ich kenne das Thema und kann gut damit umgehen. Ich habe mir Möglichkeiten geschaffen, selbst gut dafür zu sorgen, oder kann es guten Herzens aufschieben. Beispiel: Erholung brauchen – Urlaub geplant.

Ihre Eintragungen:

Eisberg

Sie kennen vermutlich die Geschichte vom Untergang der Titanic im Jahre 1912. Nur eine kleine Spitze vom Eisberg war zu sehen, der eigentliche Zusammenstoß zwischen dem Luxusdampfer und dem Eisberg geschah unter Wasser. Der Schaden war so groß, dass das Schiff unterging. Hier geht es nicht ums Untergehen, sondern darum, dass auch Ihr Bedürfnisberg vermutlich nur mit einer kleinen Spitze für andere Menschen und Sie selbst sichtbar ist.

Wir wissen, dass unbefriedigte Bedürfnisse, kindlich Unerfülltes oder auch Entbehrungen in der Jugendzeit die aktuellen Belastungen ganz schön befeuern können. Beispielsweise wiegt ein unerfüllter Partnerwunsch noch mal umso mehr, wenn in der Kindheit oder Jugend niemand für einen da war und Zuneigung und emotionale Zuwendung gegeben hat. Finanzielle Entbehrungen in der Kindheit können, wenn sie für Kinder deutlich spürbar und belastend waren, eine Menge Ängste auslösen, wenn jemand arbeitslos ist oder auf der Karriereleiter nicht weiterkommt. Die Spitze ist das aktuelle Thema, doch der größte Teil des Eisberges schwimmt unter Wasser und trägt einen deutlich größeren Teil zur Belastung bei.

Malen Sie hier Ihren persönlichen Eisberg, wenn Sie ihn schon entdeckt haben. Lassen Sie nach oben Platz, den brauchen Sie noch. Schreiben Sie in den unteren, unter Wasser schwimmenden Teil des Eisberges die Themen, Bedürfnisse und Entbehrungen, die aus der Kindheit kommen. In die Spitze des Berges tragen Sie aktuelle Themen ein. Falls Sie Ideen brauchen, finden sie Vorschläge im Anhang (ab S. 215).

Zeichnen Sie auf den Eisberg nun eine Fahne. Sie können auch zwei Befestigungen malen und dazwischen ein imaginäres Plakat spannen. Auf die Fahne oder das Plakat tragen Sie Ihr Ziel, Ihr aktuelles Anliegen ein. Formulieren Sie es als Überschrift, stellen Sie ein Symbol auf die Spitze des Berges oder lassen Sie einen Hubschrauber kreisen. Wie Sie mögen. Gestalten Sie auch den unter Wasser schwimmenden Teil und die Umgebung des Eisberges.

Wie sieht es jetzt mit ein bisschen Abstand aus? Fallen Ihnen vielleicht schon ein paar Dinge ein, um die Sie sich kümmern können, damit die Belastungen leichter werden? Versuchen Sie, den Blick für das zu öffnen, was da noch ist. Und dann haben Sie in den vorangegangenen Abschnitten auch noch Rüstzeug benannt. Davon können Sie sicher etwas für sich nutzen. Schauen Sie auf die Tabelle Ihrer Fähigkeiten und Stärken (siehe S. 65).

Nutzen Sie die Gelegenheit, den schmerzhaften und schwierigen Phasen Überschriften zu geben. So können Sie diese Zeiten besser in die Kapitel Ihres Lebensbuches einordnen. Kapitel lassen sich gut zuordnen, wenn Sie beispielsweise Filmtitel, berühmte Zitate, Buchtitel und für Sie gültige Lebenssätze nutzen, z. B. »Irrungen und Wirrungen«, »Krieg und Frieden«, »Das Leben der Anderen«, »Vom Winde verweht« oder »Die Götter müssen verrückt sein« etc.

1. Überschrift:

. . . .

2. Überschrift:

. . . .

3. Überschrift:

. . . .

Zum Schluss dieses Abschnitts noch drei Fragen an Sie als heutiger Erwachsener. Nehmen Sie sich Zeit dafür und schauen Sie auf die einzelnen Überschriften der vorherigen Übung. Sie können mit den nachfolgenden Fragen die Phasen samt Überschriften für sich ergänzen.

Was hätte Ihnen aus heutiger Sicht in der jeweils schwierigen und schmerzhaften Phase geholfen?

. . . .

. . . .

. . . .

Wie können Sie heute dafür sorgen?

. . . .

. . . .

Wer ist heute in diesen oder ähnlichen Angelegenheiten für Sie da?

. . . .

. . . .

Hand aufs Herz

Was machen die Gedanken nun mit Ihnen? Sind Sie im Gefühlswirrwarr gefangen? Werden Sie traurig? Zieht sich die Kehle zusammen und haben Sie einen Druck im Magen? Könnte das Angst sein? Die alte Angst von damals, die Sie heute als Erwachsener gut aushalten können? Ist da irgendwo auch Wut? Wie ist es, wenn Sie ein händelbares Bisschen davon zulassen? Können Sie sich selbst beruhigen? Gibt es einen trostvollen Satz, der Sie begleitet? **Schreiben Sie ihn hier auf:**

. . . .

Hand aufs Herz meint aber auch: Gestehen Sie sich ein, dass Sie vielleicht Hilfe brauchen. Sorgen Sie jetzt für sich. Es gibt diese Postkarte mit dem Satz: »Es ist nie zu spät für eine glückliche Kindheit.« Vielleicht schaffen Sie es mit Unterstützung, glückliche Momente im Alltag als Erwachsener einzufangen sowie hin und wieder ganz kindlich zu leben (weiterführende Literatur: Furman 2013). Der Wunsch für Sie kommt von Herzen.

Kaum ein Mensch führt uneingeschränkt das Leben, das er sich mal vorgestellt hat oder heute vorstellt. Dafür gibt es viele Gründe. So kann es für Menschen, die schwierige Erfahrungen in Beziehungen gemacht haben, die z. B. Kriegserfahrungen erlebten, im Heim waren, wechselnde Bezugspersonen oder psychisch erkrankte Elternteile hatten, im Alltag sehr schwer sein, Beziehungen zu leben. Sich Menschen anzuvertrauen, sich bei ihnen wohlzufühlen und Nähe zuzulassen, kann vor dem Hintergrund solcher Erfahrungen eine echte Herausforderung sein, und zwar täglich. Oder es gelingt gar nicht. So sind der Wunsch und die Sehnsucht seit Kindheitstagen groß und bleiben sogar jetzt im Alltag unerfüllt. Natürlich hat das Auswirkungen auf das Wohlbefinden und die Gesundheit. Wenn es niemanden gibt, der versorgen und trösten kann, dann entstehen oft Einsamkeit und inneres Stresserleben. Dann gibt es vielleicht niemanden, mit dem man die eigenen Gedanken austauschen kann. Stattdessen stellt man sich selbst infrage oder ist wütend auf das Schicksal.

✶✶✶✶ Es ist manchmal anders, als man gedacht hat.

Aber auch ein anderer Weg ist möglich. Vermutlich kennen Sie Menschen, die sich trotzdem in Beziehungen befinden. In einer stillen Stunde berichten sie manchmal, jeden Tag hart dafür gearbeitet zu haben. Sie hatten auch das Glück, jemandem zu begegnen, der Geduld hatte oder so bei sich war, dass die Unsicherheiten seines Gegenübers kaum zum Tragen kamen.

Es gibt auch die Theorie, dass sich Kinder das suchen, was sie brauchen. So sind diese Kinder, wenn es die Möglichkeiten hergegeben haben, oft außerhalb ihrer Familie unterwegs gewesen. Dort haben sich das abgeschaut, von dem sie glaubten, dass es für sie richtig wäre. Oft haben die anderen Erfahrungen sie auch dabei unterstützt, Dinge zu hinterfragen und für sich neu einzuordnen. Ein gutes Familienleben sieht in jeder Familie ein bisschen anders aus, aber die Grundzüge sind ähnlich.

Herr Hipp beschreibt sich als aufgewecktes und lebenslustiges Kind. Er berichtet von vielen Späßen und spannenden Freizeitaktivitäten mit Freunden. In seinen Erzählungen tauchen kaum Erinnerungen aus dem Familienalltag auf. Danach befragt, wird Herr Hipp ruhiger und leiser. Seine Mutter sei nach der Geburt der jüngeren Schwester immer wieder für lange Phasen an Depressionen erkrankt. Sie sei schnell überfordert gewesen, und alle hätten Rücksicht nehmen müssen. Dazu habe auch der Vater angehalten, der ständig Angst gehabt habe, dass seine Frau sich vielleicht das Leben nehme, wenn sie als Familie sie nicht ausreichend unterstützen würden. Herr Hipp kann sich daran gut erinnern, aber er sagt auch, dass ihn sein Alter geschützt habe. Er sei viel draußen gewesen, bei den Nachbarn und in Familien der Freunde herzlich willkommen. Auf dem Dorf zu leben habe das aus seiner Sicht möglich gemacht. Vermutlich habe seine Schwester das jedoch anders erlebt. Sie habe auch heute noch Schwierigkeiten, mit ihren Gefühlen zurechtzukommen.

Was haben Depressionen der Mutter wohl mit den Gefühlen der Kinder zu tun? Die Frage haben sich verschiedene Forscher gestellt, die eigentlich auf der Suche nach dem »Depressionsgen« waren. Spannenderweise ist ihnen aufgefallen, dass Depressionen eines Elternteils einhergehen mit sogenannten genetischen Einflussfaktoren auf Emotionsregulationsstrategien. Was das heißt? Bei ungünstigen Umweltbedingungen, wie beispielsweise Vernachlässigungen, Armutserfahrungen oder Misshandlungen, können Defizite in der Emotionsregulation entstehen, die wiederum das Erkranken des Kindes an einer Depression begünstigen (Zupp u.a. 2016).

An dieser Stelle sei jedoch darauf hingewiesen, dass nicht alles, was genetisch veranlagt ist, auch zum Tragen kommen muss. Dies liegt u.a. daran, dass unsere Psyche eine Art Schutzmantel besitzt, den man »Resilienz« nennt. Resilienz bedeutet, dass Erkrankungen an bestimmten Menschen abzuprallen scheinen. Zum Beispiel trifft sie keine Depression oder Angsterkrankung. Das bedeutet auch, dass sie trotz widriger Umweltbedingungen oder genetischer Faktoren, die eine bestimmte Erkrankung begünstigen, keine psychische Auffälligkeit entwickeln. Im Gegensatz zu früheren Theorien nimmt man heute jedoch an, dass Resilienz nicht starr ist, sondern sich verändern kann (Kunzler u.a. 2018). Das bedeutet aber auch, dass wir hier ein bisschen mehr Einfluss und Kontrolle haben, nämlich: Wir können unseren Schutzmantel aktiv pflegen, indem wir Selbstfürsorge betreiben. So zeigte eine Studie, dass z. B. Tagebuchschreiben oder Reden über sich selbst einen positiven Effekt sowohl auf die psychische als auch auf die körperliche Gesundheit älterer

Menschen hatte (Freitag u. Schmidt 2016). Falls Sie etwas für Ihre Resilienz tun wollen, sind auf S. 222 ein paar Möglichkeiten zu finden.

Nachdem Sie sich und Ihre Kindheit unter die Lupe genommen haben, folgt hier nun die Einladung, auch auf Ihre Eltern und, wenn vorhanden, Geschwister zu schauen. Dabei gibt es einiges zu entdecken, vor allem Zusammenhänge zu Ihrem Leben, die Ihnen noch nicht so deutlich waren.

Jedem ist klar, dass Vater und Mutter uns entscheidend prägen. Das gilt auch für Menschen, die diese Rolle eingenommen haben, weil Vater und Mutter nicht verfügbar waren oder früh gegangen sind. Eltern und nahe Bezugspersonen beeinflussen sowohl durch ihre Persönlichkeiten als auch durch ihre eigenen Erfahrungen Ressourcen und Ideale in Bezug auf das Leben und die Kinder.

Gleichzeitig wandeln sich Beziehungen zu den Eltern in den verschiedenen Entwicklungsphasen. Eltern können Dinge auch wieder gutmachen, in späteren Phasen bessere Eltern sein. Genauso werden in diesem Kapitel die Erfahrungen mit den Geschwistern beleuchtet. Denn auch sie prägen unsere Entwicklung und unsere Fähigkeiten sowie unsere Beziehungen. Nicht selten ähneln die gewählten Partner den eigenen Geschwistern. Auch Fragen nach der eigenen Teamfähigkeit lassen sich hier beleuchten.

Therapeutinnen und Therapeuten erfragen oft genauere Informationen zu den Eltern. Wir wollen wissen, welchen Charakter sie hatten. Uns interessiert ihr Verhalten in verschiedenen Situationen. Hier sind wir oft sehr genau, und das irritiert vielleicht die Personen, die eigentlich mit einem eigenen Anliegen kommen. Vater und Mutter leben uns Verhaltens- und Denkmuster vor, die wir als Kinder automatisch erst einmal übernehmen (vgl. Stahl 2015). Das wird den meisten Menschen jedoch erst viel später im Leben deutlich.

Mein Vater

Während Mutter-Kind-Beziehungen ein beliebter Forschungsgegenstand sind, werden Vater-Kind-Beziehungen auch heutzutage noch deutlich seltener untersucht (Phares u.a. 2005). Doch auch wenn diese Beziehung weniger gut erforscht ist, ist selbstverständlich unumstritten, dass uns die Beziehung zu einem an- oder auch abwesenden Vater immens prägt. Wie Sie persönlich von Ihrem Vater oder einer vergleichbaren Bezugsperson geprägt wurden, können Sie in diesem Kapitel herausfinden.

Zunächst können Sie sich den Eigenschaften und Besonderheiten Ihres Vaters widmen. Weshalb sind diese für Ihre Kindheit, Entwicklung und jetzige Persönlichkeit eigentlich so bedeutend? Weil es für uns einen Unterschied macht, welche inneren Welten des Denkens, Handelns und Fühlens bei unserem Gegenüber vorliegen, denn das ist gewissermaßen unser »Basislager«. Von diesem Ausgangspunkt beginnt unsere eigene (bewusste) Entwicklung, die auch bedeuten kann, es ganz anders machen zu wollen. Wenn wir bei dem Bild der inneren Welt bleiben wollen, können wir auch von Landschaften sprechen. Zu Landschaften haben wir meist einen guten Zugang und verschiedene Bilder im Kopf. Es macht beispielsweise einen Unterschied, ob der Charakter des Vaters einem Sommerfeld gleicht oder eher einem steinigen Gebirge, dessen Gipfel unerreichbar war. Lassen Sie uns das Landschaftsbild doch weiterhin nutzen. Aus der Hypnotherapie wissen wir, dass Bilder helfen, einen Zugang zu finden (z. B. Erickson u. Rossi 2016). Wenn Sie das komisch finden, nutzen Sie die Fragen im Anschluss. Vielleicht mögen Sie auch erst danach zeichnen. Sie können den Platz auch für Notizen nutzen, wenn Sie nicht so gerne zeichnen. Beschreiben Sie einfach das Bild der Landschaft, das in Ihnen ist, mit Ihren eigenen Worten. Sie können auch erst mit Ihrer Mutter beginnen, wenn Ihnen das leichterfällt oder eher zusagt.

Mit welcher Landschaft ließe sich der Charakter Ihres Vaters am ehesten darstellen? Zeichnen Sie diese Landschaft entweder auf den leeren Platz oder fertigen Sie ein Bild auf einem Extrazettel an.

Das Schöne an diesem Herangehen ist, dass Sie später die Landschaft detaillierter weitergestalten können, wenn Sie neue Erkenntnisse gewonnen haben. Schauen Sie jetzt auf das Bild und versuchen Sie, die folgenden Fragen zu beantworten.

Name Ihres Vaters, wenn möglich der vollständige Name:

. . . .

Wann wurde Ihr Vater geboren?

. . . .

Hat(te) Ihr Vater Geschwister? Wenn ja, an welcher Stelle der Reihenfolge stand / steht er?

. . . .

Welchen Beruf hat(te) Ihr Vater?

. . . .

Wie sah / sieht es um seine Gesundheit aus?

. . . .

Welche drei Charaktereigenschaften kennzeichneten ihn früher, als Sie Kind waren, und welche drei aus Ihrer heutigen Erwachsenenperspektive?

Früher	Heute
1.	1. . . . .
2.	2. . . . .
3.	3. . . . .

Falls Ihr Vater verstorben ist, woran ist er in welchem Alter verstorben?

Wie alt waren Sie zu diesem Zeitpunkt?

. . . .

Mögen Sie ein Foto von Ihrem Vater hier einfügen?

Was waren die drei wichtigsten Sätze, die Sie von ihm gehört haben?

1. . . . .

2. . . . .

3. . . . .

Was, denken Sie, hat Ihren Vater geprägt und im Leben vorangetrieben?

. . . .

. . . .

. . . .

Hier ist noch Platz für weitere Ideen in Bezug auf Ihren Vater.

. . . .

. . . .

Leitbilder haben keine Anwesenheitspflicht

Die Beziehung zu unseren Eltern ist prägend, aber eben auch nicht alles entscheidend. Schauen Sie deshalb, an welchen Stellen es bei Ihnen väterliche Spuren gibt. In einem Artikel über die »Macht der Abstammung« (Süddeutsche Zeitung 2015) wird ein anderer Effekt beschrieben: Wir stellen im Alltag fest, dass auch eine abwesende Person, etwa ein Vater, der nicht präsent war, diesen stark geprägt hat. Wie geht das (siehe auch S. 96 Beispiel Frau Franka)? Eigene Ideen und Gehörtes über den Vater, aber auch Geschichten spielen eine Rolle dabei, wie wir ihn verinnerlichen. So kann er zum Leitbild werden, ohne anwesend zu sein oder etwas dafür zu tun. Sie haben vielleicht auch schon mal von den großen Überraschungen der Kinder gehört, wenn sie nach vielen Jahren als (junge) Erwachsene ihren Vater und dessen Leben kennenlernen. Die Realität gleicht dann oft nicht den Bildern, die in den Kindern über Jahre entstanden sind. Schreiben Sie dies ruhig dennoch auf, denn wie im Abschnitt »Kindheitserinnerungen – wie wirklich sind sie?« (siehe S. 46 f.) dargestellt, sind auch das wichtige Aspekte Ihres Innenlebens.

Der Vater meines Vaters und die Mutter meines Vaters

In vielen Therapieansätzen gehen die Überlegungen der Prägungen noch weiter. Denn so wie uns unsere Eltern geprägt haben, sind natürlich auch sie von ihren Eltern und Zeitumständen geprägt worden. Sie haben selbst vielleicht schon einen Eindruck bekommen, wie herausfordernd es sein kann, sich mit den eigenen Prägungen und Verhaltensweisen auseinandersetzen. Manchmal ist und war dafür jedoch aufgrund der Rahmenbedingungen keine Zeit. Eltern, die in die Weltkriege hineingeboren wurden, waren oft sehr froh darüber, überhaupt zu überleben und ausreichend mit Nahrung versorgt zu sein. Jede Art der Zuwendung oder des Schutzes war zuweilen dringend benötigt. Sie wuchsen unter ganz anderen Prioritäten auf. Dennoch ist es ihnen gelungen, fürsorglich und aufopfernd für ihre Kinder da zu sein.

Traumata der vorangegangenen Generationen

Psychische Traumata durch äußere Einwirkungen, wie politische und soziale Gewalt, wurden lange Zeit kaum beachtet. Erst durch die Folgen der Katastrophen des vergangenen Jahrhunderts und die zunehmende Offenheit für die Auseinandersetzung mit sich selbst rückten sie in den Vordergrund. So gibt es inzwischen viel Literatur zum Aufwachsen in den beiden Weltkriegen sowie zu den Auswirkungen der Verbrechen des nationalsozialistischen Regimes (z. B. Wiegand-Grefe u. Möller 2012). Dazu gehören vor allem der Holocaust, Bombardierungen, Vertreibungen, Flucht und Verfolgung.

Wir haben seit den 1980er-Jahren zum Glück ein wachsendes Bewusstsein für soziale Gewalt in Familien, wie Misshandlung und sexuellen Missbrauch. So gibt es seit 1997 ein Gesetz, das sexuellen Missbrauch bzw. Vergewaltigungen in der Ehe zur Straftat macht. Ein Umdenken hat begonnen. Inzwischen gibt es auch in der psychotherapeutischen Fachliteratur zahlreiche Veröffentlichungen zu diesem Thema.

Der Vater als ein Kind seiner Zeit

Wenn Sie also wissen wollen, was Ihren Vater prägte, schauen Sie in seine Zeit. Er war ein Kind dieser Zeit, manchmal hilft es, sich das bewusst zu machen. Stehen Sie trotzdem zu Ihren Gefühlen, die sein Verhalten bei Ihnen ausgelöst hat. Vernunft soll hier keineswegs Gefühle ersetzen oder gar überspielen. Bitte achten Sie gut auf sich und Ihre Gefühle. Wissen und Fühlen in einen Zusammenhang zu bringen, ist ein guter Weg, sich mit Erfahrungen und Prägungen auseinanderzusetzen.

Da wir keinen Vollständigkeitsanspruch erheben können, nutzen Sie Ihr Wissen oder die Gelegenheit nachzufragen. Ältere Menschen reden gern darüber, wie sie aufgewachsen sind. Sie tun etwas für ihr Wohlergehen, wenn Sie sich Zeit nehmen und nachfragen. Gleichzeitig können Sie Ihr Elternbild erweitern.

Was wissen Sie über die Rahmenbedingungen, in denen Ihr Vater aufgewachsen ist?

Welche Besonderheiten prägten seine Kindheit, Jugend, sein frühes Erwachsenenalter?

Welchen Charakter hatte Ihr Großvater, also der Vater Ihres Vaters?

Welchen Charakter hatte Ihre Großmutter, die Mutter Ihres Vaters?

Was wissen Sie über das Selbstbild Ihrer Großeltern väterlicherseits?

Was denken Sie, welchen Einfluss hat dieses Selbstbild auf die Entwicklung Ihres Vaters gehabt?

Gab es frühe Verlusterfahrungen in der Familie?

Wenn ja, wer hat die Rolle in Folge eingenommen? Welchen Charakter hatte die Person?

Wie stand diese Person zu Ihnen? Welche Rolle hat sie in Ihrem Leben eingenommen?

Platz für Dinge, die noch nicht erfragt wurden, von denen Sie möchten, dass sie hier ausgeführt werden.

Hinhören ist ein wichtiger Teil der therapeutischen Arbeit. Eingangs habe ich Sie ermuntert, mal nachzufragen, was die älteren Generationen zu berichten haben. Professionelle Helfer hören darüber hinaus noch auf einer anderen Ebene genau hin. Diese möchte ich Ihnen gern erläutern, weil genau dieser Bereich wichtige Informationen liefert. Es ist die Ebene der Selbstdarstellung in einer erzählten Geschichte über die eigene Vergangenheit. Das eigene Selbstbild liefert uns bedeutsame Informationen, die oft zwischen den Zeilen vermittelt werden. Lesen Sie dazu das folgende Beispiel eines Familiengespräches:

Die beiden Zwillingsmädchen Layla und Nelia sprechen über die Trennung ihrer Eltern, als sie acht Jahre alt waren. Beide haben sehr unterschiedliche Vorstellungen, ob sie nun als junge Erwachsene Kontakt zum Vater haben wollen. Layla hatte die Trennung der Eltern als Erleichterung erlebt. Sie war das mutigere Kind und erinnert sich, der Mutter schon damals gesagt zu haben: »Wir drei Frauen werden das hinbekommen. Wir sind stark und verstehen uns gut.« Das waren sicher tröstliche Worte auch für die Mutter, die über das kurz entschlossene Verlassenwerden von ihrem Mann noch ziemlich geschockt war. Nelia berichtet unter Tränen, dass sie wie ihre Mutter völlig entsetzt gewesen sei. Sie habe die engere Bindung zum Vater gehabt und sei schon damals die Feinfühligere der beiden Schwestern gewesen. Sie mache sich Vorwürfe, nichts beim Vater gespürt zu haben. Sie hätte gern etwas gegen das Verlassenwerden unternommen. Nur gab es keine Chance. Ihre Mutter habe sie damals auch als wenig unterstützend wahrgenommen, sie sei ja selbst damals geschockt gewesen. Woher Layla die Zuversicht genommen habe, könne Nelia gar nicht verstehen. Dennoch sei Nelia Layla für das eine oder andere aufmunternde Wort sehr dankbar gewesen. Für Layla besteht keine Notwendigkeit, zum Vater Kontakt aufzunehmen. Er habe sich die Jahre nicht gekümmert. Wozu das aus ihrer Sicht gut sein solle? Sie hätten ja alle einen guten Weg auch ohne ihn genommen. Nelia möchte es jedoch versuchen. Sie wolle mit der Geschichte abschließen, sie endlich verstehen und dann neu entscheiden.

Dasselbe Ereignis wird von Menschen unterschiedlich verarbeitet und hat entsprechend eine unterschiedliche Bedeutung. Entscheidend ist der Boden, auf den es fällt. Für das Zwillingsmädchen Layla war die Trennung der Eltern ein Ereignis, das sie folgendermaßen geprägt hat: Sie hat sich behaupten können und ist stolz darauf. Ihre Schwester Nelia hat die plötzliche Trennung anders erlebt. Sie machte sich Vorwürfe und erlebte sich als hilflos und ohnmächtig. Daran möchte sie nun etwas ändern. Nelia kann aus ihrer Sicht erst abschließen, wenn sie wichtige Informationen von ihrem Vater zu seinem schnellen Weggehen bekommt. Für Layla ist das Vorankommen im Leben davon unabhängig, ob es noch weitere Erklärungen gibt. Für sie ist die Situation klar: »Er hat uns verlassen, sich nicht gekümmert. So geht kein verantwortungsbewusster Vater in so einer Situation vor. Wir haben es trotzdem geschafft. Sache erledigt, das Leben geht weiter.« So wird nun auch der Kontakt zum Vater, sollte er zu beiden Zwillingen wieder aufgenommen werden, unter einem völlig anderen Stern stehen.

In der Psychotherapie gilt die These, dass die Aufdeckung der Realität notwendig ist. Doch wie in dem obigen Fallbeispiel deutlich wurde, ist das in vielen Fällen kaum möglich. Die verinnerlichten Bilder, die Menschen zu bestimmten Ereignissen entwickelt haben, erzeugen oft den Leidensdruck, und auch diese Bilder gilt es aus therapeutischer Sicht ernst zu nehmen. Das Zwillingsmädchen Nelia glaubt z. B., dass sie etwas hätte bemerken müssen. Das war gar nicht ihre Aufgabe, doch das Selbstbild, die Feinfühligere zu sein, gab ihr quasi den Auftrag dazu. Nelia hat also einen größeren Leidensdruck, auch weil sie diejenige war, deren Kontakt zum Vater enger war. Der Leidensdruck motiviert sie, den Kontakt wieder aufzunehmen. Vielleicht hilft ihr das, vielleicht stellt es sie vor neue Herausforderungen, die sie nicht bewältigen kann. Oder sie hat Glück, und beide finden einen Zugang. Das könnte jedoch der Kontakt zu ihrer Zwillingsschwester erschweren. Das wird die Realität zeigen.

Der Verbindung und Beziehung zum Vater wird eine besondere Bedeutung zugeschrieben. So sehr wir diesen Besonderheiten auf der Spur sind, so sehr müssen wir aber auch erkennen, dass sie sich weder ganz einfach greifen lassen noch dass diese Aussage so pauschal für den Rest des Lebens gelten muss. Natürlich sind das Vatersein und die Verbindung zwischen Vater und Kind von vielen individuellen Eigenarten des Augenblicks und den Notwendigkeiten einer kindlichen Entwicklung geprägt. Sicher macht es für viele Väter auch einen Unterschied, welches Geschlecht das Kind hat. Die aktuellen Bemühungen, Sohn oder Tochter gegenüber denselben Erziehungsstil zu praktizieren, scheitern oft an den verinnerlichten Strukturen. Eine Vater-Sohn-Beziehung sieht im Alltag anders aus als eine Vater-Tochter-Beziehung. Die neue Situation der Alleinerziehenden oder auch der Verlust des Vaters in frühen Kinderjahren führt dazu, dass sich manche Menschen überhaupt eine Beziehung zu ihrem Vater wünschen und gewünscht haben. Das ist z. B. der Fall, wenn Väter lange Zeit im Krieg blieben.

Dennoch begleitet uns die vorgelebte und empfundene Vaterrolle. So suchen Frauen sich oft jemanden als Partner, der ihrem Vater ähnelt. Oder unsere eigene Beziehung entwickelt sich wie die Beziehung zum Vater oder die der Eltern untereinander. Vielleicht war Ihr Vater auch eine autoritäre Person, in der Rolle des Alleinernährers? Hat viel gearbeitet, war kaum zu Hause und musste geschont werden, wenn er da war? Den Vater beim Mittagsschlaf am Wochenende nicht stören zu dürfen, ist eine Erinnerung, die viele Menschen teilen.

Beschreiben Sie mit ein paar Stichworten die Rolle, die Ihr Vater im Alltag übernommen hat.

Was konnte Ihr Vater gut?

Was ist Ihrem Vater schwergefallen?

. . . .

Hier ist Platz für Wünsche an Ihren Vater, die Sie heute noch haben.

. . . .

Ein bisschen glückliche Kindheit später?

Die Rolle des Vaters hat sich gewandelt. Und auch Väter haben die Veränderungen der Zeit mitbekommen. Das gibt oft die Chance für Veränderungen oder die Gelegenheit, offene Wünsche zu thematisieren. Väter sind nämlich oft froh, wenn sie die Chance bekommen, etwas anders oder besser zu machen. Im Alltag kann das bedeuten, dass es nun endlich mal Vater-Kind-Ausflüge gibt oder beide zusammen ein Hobby praktizieren.

Frau Flügel stellte in ihrer Therapie fest, dass sie nur wenig gemeinsame Dinge mit ihrem Vater erlebt hatte. Dieser habe sich im Zuge der emotionalen Ausbrüche seiner Frau oft zum Angeln zurückgezogen und sei dann ganz entspannt wiedergekommen. Frau Flügel fehlten heute im Alltag auch solche Momente der Ruhe und Achtsamkeit. Sie beschrieb, dass sie sich immer gewünscht habe, mit dem Vater mal angeln zu gehen, um nicht allein den Wutausbrüchen und Dramen der Mutter ausgeliefert zu sein. Dann stellte sie sich das Angeln ganz friedlich und beruhigend vor: in aller Seelenruhe darauf zu warten, dass ein Fisch anbeißt. Ihr Vater angele heute noch. Früher konnte er sie nicht mitnehmen, weil er oft spontan losgezogen und manchmal über Nacht geangelt habe. Heute sei das aber anders, er plane seine Angelausflüge. Den gemeinsamen Angelerlebnissen stand nun nichts mehr im Wege. Dabei ergaben sich gute Möglichkeiten, über Vergangenes zu sprechen und mehr gemeinsames Verständnis füreinander zu entwickeln.

Das ist doch ein schönes Beispiel. Gemeinsam gehen Vater und Tochter nun einem Hobby nach. Beide haben etwas davon. Frau Flügel holt ein wenig Kindheit nach und übt sich in Achtsamkeit. Ihr Vater kann Wiedergutmachung betreiben und seinem Hobby mit einer nahen Person nachgehen. Für ihn ist auch etwas Wesentliches anders: Er braucht keinen Streit mit der Ehefrau mehr, um angeln zu können. Und ihn quält kein schlechtes Gewissen mehr, seine Tochter in Konfliktsituationen im Stich gelassen zu haben. Das weiß er, und jetzt hat er die Chance, darüber vielleicht auch mal in Ruhe zu reden. Doch nicht immer kann man auch später mit seinen Eltern wie hier angeln gehen. Vielleicht ist es aber möglich, mit einem anderen Menschen aus dem Umfeld ähnliche Erfahrungen zu machen?

Was habe ich von meinem Vater?

Irgendwo war zu lesen, dass Neugeborene in den ersten Wochen dem Vater sehr ähnlich sehen. Das scheint von der Natur vorgesehen, denn ein Vater kann sich ja nicht sicher sein, dass es wirklich sein Kind ist. Je ähnlicher das Neugeborene, umso sicherer fühlt sich der Vater, auch tatsächlich der Vater zu sein, und das erhöht die Wahrscheinlichkeit, dass er sich um Kind und Mutter kümmert.

Wie ein Stück der eigenen Identität sich bildet

Besucher von jungen Eltern und deren Neugeborenem äußern fast automatisch Gedanken wie: »Das ist ja ein kleiner Papa!« Sich im anderen wiederzuentdecken, schafft natürlich auch ein Beziehungserleben. Kinder finden es anfangs toll, etwas an sich zu entdecken, das Papa oder auch Mama haben. Von meinem Beispiel habe ich Ihnen im Vorwort erzählt. So beginnt ein wichtiger Prozess der Identitätsbildung. Die Identität entwickelt sich bis zum Lebensende.

Später kennt jeder Sätze und Bemerkungen wie »Du bist wie dein Vater«. Nicht immer ist das besonders erfreulich. Manchmal handelt es sich um Zuschreibungen, also Erklärungsversuche der Personen für ein bestimmtes Verhalten. Es ist die innere Not, die dem Sprecher dieser Sätze anzumerken ist. Sie kennen vermutlich auch diese Momente, in denen Ihnen so ein Satz herausrutscht. Man fühlt sich in der schwächeren Position und weiß nicht mehr, was man sagen oder denken soll. So ein Satz verschafft Zeit, weil das Gegenüber dann erst einmal damit beschäftigt ist und sich vermutlich dagegen wehrt oder stolz sagt, diese Ähnlichkeit gut zu finden. Das Gespräch ist abgelenkt vom eigentlichen Thema. Nicht immer muss es dann gut ausgehen. Ab und zu sind solche Sätze aber auch wunderbare Komplimente.

Frau Ulrich sprach meist bewundernd von ihrem Vater. Er sei geistreich gewesen, habe Wortwitz gehabt und konservative Werte mit Leichtigkeit gelebt. Kontakte zu Freunden seien ihm immer wichtig gewesen, gern habe er auch Berufliches und Privates bei gemeinsamen Feiern vermischt. Dabei sei oft Alkohol geflossen, und hin und wieder habe es am Freitag auch das Feierabendbier gegeben. In seinen Augen hatten er und seine Frau einen Familienbetrieb, und so sei es nur natürlich gewesen, sich auch mit den persönlichen Belangen der Mitarbeiter und deren Familien zu beschäftigen. Die Ehefrau organisierte zu Weihnachten Geschenke für alle. Großzügigkeit und Dankbarkeit seien wichtige Werte für den Zusammenhalt auch in schwierigen Zeiten der Firma gewesen. Das habe Frau Ulrich für sich übernommen. Sie strebe ihrem Vater nach, obwohl ihr auch auffalle, dass sie in ihrer Rechtsanwaltskanzlei manchmal kritisch dafür betrachtet werde.

Je nachdem, wie man zu seinen Eltern und den genannten Gemeinsamkeiten steht, ist das angenehm oder weniger angenehm. Ein Bekannter erzählte mir, zum eigenen Vater kaum eine Beziehung gehabt, ihn als Vater sogar abgelehnt zu haben. Für ihn sei es nun schrecklich, in den Spiegel zu schauen und festzustellen, dass er seinem Vater immer ähnlicher sehe, je älter er werde. Keine einfache Situation. Jeder von uns, der ein bisschen selbstkritisch ist, bemerkt bei sich vielleicht auch ähnliche Verhaltensweisen wie bei seinen Eltern. Mögen Sie auch mal hinschauen?

Was sagen Ihnen andere Menschen, was Sie von Ihrem Vater »geerbt« und übernommen haben?

Worin sind Sie sich ähnlich?

Wofür war Ihr Vater ein Vorbild und gibt Ihnen heute noch Orientierung?

Welchen Ähnlichkeiten stehen Sie skeptisch gegenüber?

Welche Ähnlichkeiten können Sie annehmen und fördern Sie gar?

Gibt oder gab es typische Beziehungssätze von Ihrem Vater an Sie, wie z. B. »Du bist doch der Klügere, von dir habe ich mehr erwartet.«?

Welcher dieser Sätze klingt heute noch in Ihnen an?

Um diese Beziehungsaspekte kümmern wir uns auch im Folgenden. Denn nicht nur die Sätze formen unser Beziehungsverhalten, sondern auch die gelebte Beziehung und die Erfahrungen in der Beziehung haben Einfluss auf unsere Selbstwahrnehmung und darauf, wie uns Menschen wahrnehmen.

Wachstum geht mit Entwicklung und Veränderung einher

Die Beziehung zu Ihrem Vater ist nicht starr, sondern entwickelt sich. Weshalb dieser Aspekt der Entwicklung so wichtig ist, hat etwas mit den Veränderungen zu tun, die in jeder Beziehung geschehen. Natürlich sind hier auch die Beziehungen zu nahen Bezugspersonen gemeint, welche die Rolle des Vaters ausgefüllt haben.

Sie haben es vermutlich auch schon beobachtet und sogar selbst erfahren: Beziehungen zu den Eltern unterliegen dem Wandel. Es gibt Väter, die mit den kleinen Säuglingen nur wenig anfangen können. Doch wenn es losgeht mit Bewegung und Sport, sind sie Feuer und Flamme. Pubertierende Kinder fordern Väter unterschiedlich. So ist eine Tochter, die immer Papakind war, vielleicht leichter zu händeln als der Sohn, der einem so ähnlich ist und das eigene Verhalten widerspiegelt oder Erinnerungen aktiviert, die lieber im Untergrund versunken geblieben wären. Die einen Väter lachen darüber und nutzen ihre Erinnerungen. Andere wiederum versuchen aus Scham, ihre Sprösslinge auf den aus erwachsener Sicht richtigen Weg zu bringen. Manche können lockerlassen und Grenzen setzen, wenn es welche braucht. Die Vielfalt ist beachtlich. Mir fällt oft auf, dass Väter etwas »Wildes« im Umgang mit Kindern einbringen, das manch einer Mutter in ihrem fürsorglich beschützenden Modus den Schlaf rauben kann.

Herr Pin sagt, er sei ein echter Junge gewesen und habe sich herumgetrieben, Quatsch gemacht, den ein Junge eben tun würde. Der Vater habe sich anfangs kaum für ihn interessiert. Ein magischer Moment sei für Herrn Pin gewesen, als er seinen Vater beim Handwerkern beobachtet und gebeten habe, auch mal sägen zu dürfen. Ab diesem Zeitpunkt sei aus seiner Sicht auch das Interesse des Vaters auf ihn gerichtet gewesen. Häufig habe der Vater gefragt, ob er helfen und im Stall mitmachen wolle. Das habe zu Stolz geführt, und Herr Pin habe sich am Vater orientiert. Dieser habe der Mutter auch Paroli geboten, wenn sie besorgt gewesen sei, dass der junge Herr Pin mit der Säge herumfuchteln würde. Der Vater habe ihn gefordert und ihm Raum gelassen, zu lernen. Ab dem Zeitpunkt, als er schon einiges an handwerklichen Tätigkeiten gelernt habe, seien aber die Ansprüche gewachsen. Der Vater habe seine Hoffnung in den Sohn gelegt und sich fast von seiner kleinen Schwester abgewandt, die bis dahin den Vater gut im Griff gehabt habe. Für die Schwester sei das schwer gewesen. Beide Geschwister hätten sich oft über den Vater unterhalten. Er, weil die Anforderungen und Erwartungen Druck gemacht hätten. Seine Schwester habe sich fallen gelassen gefühlt und versucht, es dem Vater recht zu machen. Sie sei nun Tischlerin, weil sie sich bemüht habe, die Anforderungen des Vaters zu erfüllen, um wieder seine Aufmerksamkeit zu gewinnen.

An diesem Beispiel lässt sich auch gut erkennen, dass sich die Beziehung zwischen Vater und Kind zu beiden Kindern verändert und sich auch mit deren Alter wandelt. Typische Veränderungszeitpunkte sind der Übergang vom Säuglings- zum Kleinkindalter, die Kindheit, die Pubertät und dann das junge Erwachsenenalter oder später, wenn die Väter selbst unterstützungsbedürftig werden. Im Grunde bietet jede Entwicklungsphase auf beiden Seiten neue Möglichkeiten für gemeinsame Beziehungserfahrungen. Dennoch können bestimmte Phasen auf beiden Seiten aus verschiedenen Gründen schwererfallen. Gründe dafür können sein: (geglaubtes) Unvermögen, sich als Mann auf einen Säugling einzulassen, die eigenen Erfahrungen mit dem Vater in einer gewissen Lebensspanne, besondere Vorstellungen und Erwartungen an das Kind, Schwierigkeiten, den Vater als pflegebedürftig wahrzunehmen, und vieles mehr.

Wir waren nicht immer bewusst dabei

In jungen Jahren nimmt man die Beziehung oft nicht bewusst wahr und kennt sie nur aus Erzählungen. Oft konnten ältere Geschwister das Verhalten auch bei jüngeren Geschwistern beobachten und sich auf dieser Grundlage Gedanken darüber machen, wie der Vater wohl selbst zu ihnen war. Vielleicht gibt oder gab es Möglichkeiten, Angehörige zu befragen? Die späteren Phasen sind oft durch mehr Erinnerungen und bewusstes Wahrnehmen gekennzeichnet. Schauen Sie mal auf Ihre Phasen.

Wie hat sich Ihr Vater um Sie als Säugling gekümmert?

. . . .

. . . .

Wie war die Verbindung zwischen Ihnen im Kleinkindalter?

. . . .

Was wissen Sie über Ihren Kontakt vom Kindesalter bis zur Pubertät?

. . . .

Gab es Veränderungen während und nach der Pubertät?

. . . .

Welche Besonderheiten konnten Sie im Kontakt zu Ihrem Vater feststellen, als Sie ins junge Erwachsenenalter eintraten?

Wie war Ihre Beziehung im mittleren Erwachsenenalter?

An welche Veränderungen erinnern Sie sich noch, die durch das zunehmende Alter Ihres Vaters entstanden sind?

Gab es einschneidende Erlebnisse zwischen Ihnen und Ihrem Vater?

Wie stehen Sie jetzt zu Ihrem Vater?

Haben Sie Wünsche an Ihren Vater?

Wünscht sich Ihr Vater etwas von Ihnen?

Was lösen die väterlichen Wünsche bei Ihnen aus?

Schreiben Sie hier die Gedanken nieder, die bisher noch keinen Platz hatten.

Vielleicht haben Sie einen sogenannten biologischen Vater, der im weiteren Leben kaum eine Rolle erfüllt hat. Entscheiden Sie, was Sie dazu notieren wollen und ob es überhaupt Lebensphasen gab, in denen Ihr Vater eine Rolle gespielt hat.

Dieselben Fragen erwarten Sie im Kapitel zu Ihrer Mutter. Manchen Menschen fällt es leichter, bei ihr anzufangen. Entscheiden Sie, wie Sie vorgehen mögen. Es lohnt sich in jedem Fall, dass Sie sich auf Spurensuche begeben – egal in welcher Reihenfolge.

Meine Mutter

Die Verbindung zur Mutter ist oft die engste und die, die auch im späteren Leben durchaus am kritischsten betrachtet werden kann. Das folgende Beispiel hat mich sehr berührt.

In einer Gruppe erzählte Frau Franka, dass sie ihre Mutter in ihrer zwölften Lebenswoche bei einem Autounfall verloren habe. Alle Zuhörer waren betroffen darüber, mit welchem warmherzigen Gefühl sie dies erzählte. Im weiteren Verlauf wurde klar, dass sich in ihrer Wahrnehmung die Mutter ganz wie eine Mutter verhalten habe: Schützend habe sie sich bei dem Unfall über ihr Baby in der Trage gebeugt, und so konnte Frau Franka als Säugling überleben. Leider hatte es die Mutter nicht geschafft. Man spürte dennoch, wie beschützt sich Frau Franka im Laufe ihres Lebens weiterhin erlebt hat. Frau Franka bringt trotz dieses dramatischen Unfalls eine der wichtigsten Erfahrungen mit: eine schützende und behütende Mutter. Obwohl Frau Franka ihre Mutter nie kennengelernt hat, ist diese Erfahrung, die ihr immer wieder erzählt wurde, tief in ihrem Herzen verankert. Frau Franka bekam einige Jahre später eine Stiefmutter und Halbgeschwister. Es gelang allen gemeinsam, ein gutes Familienleben aufzubauen.

Einmal intensiv kann genauso wirksam für das Leben sein!

Das Beispiel von Frau Franka hat mich auch als Therapeutin sehr nachdenklich gemacht. Denn nicht immer sind es die kontinuierlichen Erfahrungen, welche die gefühlte Verbindung zu einer Mutter prägen. Es können solche

Erlebnisse sein, die es dem Kind, wenn auch nur erzählt, ermöglichen, eine warmherzige und innige Beziehung zu seiner Mutter im Herzen zu tragen. Anscheinend wissen wir ganz tief in unserem Herzen, wie eine richtige Mutter zu sein hat – auch wenn wir ihr so nicht begegnen und die eigene Mutter von diesem Wissen abweicht. Dieses Wissen bringen alle Kinder mit. Es hilft uns auch in Momenten, in denen wir mütterlich gefordert werden, weil wir z. B. eigene Kinder haben oder uns um den deutlich jüngeren Bruder oder ein kleines Haustier kümmern. Kindern wird nachgesagt, dass sie in den kindlichen Rollenspielen mit Puppen oder anderen Kindern ihre eigenen Erfahrungen nachspielen und verarbeiten. Beobachtet man Kinder bei solchen Rollenspielen, zeigen sie auch Verhalten, das ihnen (so) nicht vorgelebt wurde. Sie machen ganz vieles richtig als Puppeneltern. Das ist erstaunlich und beruhigend.

Kritik zuerst für den dominanten Elternteil

In den Therapien ist es oft der dominantere Elternteil, der anfangs in den Mittelpunkt der Betrachtung rückt. Dominant meint in diesem Fall den Elternteil, der im eigenen Leben präsenter war. Es meint aber auch die Elternteile, die z. B. mit der eigenen Erkrankung oder durch Fehler oder Fehlverhalten im Rahmen von Missbrauch, wie körperlicher und seelischer Gewalt, die Kindheit geprägt haben. Sollten Sie solche Erfahrungen gemacht haben und bei der Bearbeitung der Fragen in diesem Abschnitt merken, dass Emotionen Sie »überfluten und zu intensiv« sind, holen Sie sich bitte Unterstützung. Auf diesem Weg können Sie sich vielleicht ein bisschen gute Kindheit im späteren Leben ermöglichen. Das wünsche ich Ihnen sehr. Ein weiteres Beispiel aus meiner therapeutischen Erfahrung:

Frau Zoll kam in die Behandlung, weil sie immer wieder unter Stimmungseinbrüchen, die sich über Wochen hielten, und Ängsten im Alltag litt. Sie war es nicht gewohnt, im Mittelpunkt zu stehen, und es fiel ihr schwer, über sich zu reden. Stattdessen berichtete Frau Zoll über dic vielfältigen Leiden ihrer mittleren Tochter. Sie sei bei einem Angehörigengespräch von deren Therapeut gefragt worden, ob sie als Mutter eine Idee habe, weshalb die Tochter eine so ausgeprägte Borderlinepersönlichkeitsstörung habe. Frau Zoll war

daraufhin sehr verunsichert und hatte Angst, dass sie möglicherweise Schuld daran haben könnte. Das war keineswegs die Absicht des Therapeuten, der im gemeinsamen Gespräch den Aspekt seiner jungen Patientin aufgegriffen hatte. Für seine Patientin war es sehr wichtig herauszufinden, weshalb sie erkrankt war. Frau Zoll konnte in diesem Gespräch nichts berichten, außer dass ihre Tochter sich schon immer durch mehr Sensibilität von den anderen Kindern abgehoben hat. Mehr war ihr gar nicht bewusst.
Durch ihre eigene Therapie lernte Frau Zoll, sich mit sich und ihrer Vergangenheit auseinanderzusetzen. Frau Zoll berichtete, sie sei in ihrer Kindheit sexuell durch den Onkel missbraucht worden. In ihrer Familie sei dies damals »totgeschwiegen« worden, über Gefühle wurde grundsätzlich nicht geredet. Der Onkel sei aus dem Familienalltag entfernt worden, nachdem das Kind sich in seiner Not trotzdem seiner Mutter geöffnet hatte. Daran erinnerte sich jetzt auch Frau Zoll. Sie fragte sich nun, ob es für ihre Tochter hilfreich sein könnte, dies zu erfahren. Sie sei sich unsicher, ob die Tochter nicht schon genug in ihrem eigenen Leben zu kämpfen habe. Möglicherweise sei das aber auch das fehlende Puzzleteil für die Tochter.

Sie können sich vorstellen, dass dies keine einfache Entscheidung ist. Den Familienregeln der Mutter zu folgen, hieße, weiter zu schweigen und über die Gefühle nicht zu sprechen. Sogenannte Familienregeln gibt es viele. Sie werden in Familien gelebt und an die Kinder weitergegeben. Dazu finden Sie mehr im Abschnitt »Familienmythen und -geheimnisse« (siehe S. 135 ff.). Nun widmen wir uns den Besonderheiten Ihrer Mutter.

Eigenschaften und Besonderheiten

Jeder Mensch ist individuell, das gilt auch für Mütter. Das steht natürlich scheinbar im Gegensatz zu den Vorstellungen, wie eine optimale und gute Mutter zu sein hat. Interessanterweise ähneln sich die Vorstellungen der unterschiedlichen Menschen über eine ideale Mutter. Anscheinend gibt es ein tiefes Wissen darüber, was richtig ist. Wenn wir dieser Idee folgen würden, gäbe es nur eine Sorte Mütter, und alle Frauen, die vielleicht Mutter werden (wollen), müssten sich in diese Richtung entwickeln.

Mit persönlicher Entwicklung und Berücksichtigung der eigenen Besonderheiten hat das dann wenig zu tun. In der Person »Mutter« versteckt sich ein Mensch mit Stärken und Schwächen. Selbst erwachsen zu werden bedeutet oft genau dies zu erkennen: Eine Mutter ist auch nur ein Mensch. Manchmal ist diese Erkenntnis erst möglich, wenn Kinder selbst ein paar Erfahrungen als Erwachsene gemacht haben.

Im Kapitel zum Vater habe ich eine Metapher vorgestellt, die ich Ihnen auch hier gerne anbiete. Legen Sie sich ein paar Stifte parat oder malen Sie vor Ihrem inneren Auge. Sie können sich auch ein paar Notizen machen, wenn Sie nicht so gerne zeichnen.

Mit welcher Landschaft ließe sich der Charakter Ihrer Mutter am ehesten darstellen? Zeichnen Sie diese Landschaft entweder auf den leeren Platz oder fertigen Sie ein Bild auf einem Extrazettel an.

Schauen Sie auf das Bild oder Ihre Notizen. Sie können sich nun vielleicht besser an die Besonderheiten, Stärken und Schwächen Ihrer Mutter annähern. Beantworten Sie folgende Fragen:

Name Ihrer Mutter, wenn möglich der vollständige Name:

. . . .

Wann wurde Ihre Mutter geboren?

. . . .

Hatte Ihre Mutter Geschwister? Wenn ja, an welcher Stelle der Reihenfolge stand sie?

. . . .

Welchen Beruf hat(te) Ihre Mutter?

. . . .

Wie sah / sieht es um ihre Gesundheit aus?

. . . .

Welche drei Charaktereigenschaften kennzeichneten Ihre Mutter früher, als Sie Kind waren, und welche drei aus Ihrer heutigen Erwachsenenperspektive?

Früher	Heute
1.	1. . . . .
2.	2. . . . .
3.	3. . . . .

Falls Ihre Mutter verstorben ist, woran ist sie in welchem Alter verstorben?

. . . .

Wie alt waren Sie zu diesem Zeitpunkt?

. . . .

Mögen Sie ein Foto von ihr hier einfügen?

Was waren die wichtigsten drei Sätze, die Sie von ihr gehört haben?

1. . . . .

2. . . . .

3. . . . .

Was, denken Sie, hat Ihre Mutter geprägt und im Leben vorangetrieben?

. . . .

. . . .

. . . .

Hier ist noch Platz für weitere Ideen in Bezug auf Ihre Mutter.

. . . .

. . . .

Wie ist es für Sie, als Erwachsene auf Ihre Mutter zu schauen? Möchten Sie noch ein bisschen Kind bleiben? Das ist verständlich. Manchmal entdeckt man in den Antworten auch, dass die eigene Mutter Stärken und Schwächen hatte, für die in der Kindheit nur wenig Zeit war. Diese Momente sind dann eine besondere Erinnerung und oft eine schöne Ressource in Ihrem Leben. Sie können dahin zurückkehren und eintauchen in diese besonderen Erinnerungen. Mitunter finden Sie darin auch die fehlenden Schlüssel, um z. B. verzeihen zu können oder sich neu aufeinander zuzubewegen. Das ist oft auch möglich, indem man sich der Kindheit der Eltern widmet und sich deren Prägungen bewusst macht.

Die Mutter meiner Mutter und der Vater meiner Mutter

Lassen Sie uns auf die Prägungen schauen, die das Aufwachsen Ihrer Mutter mitbestimmt haben. Auf das innere Basislager, aus dem Ihre Mutter ins Leben gestartet ist.

Was wissen Sie über die Rahmenbedingungen, in denen Ihre Mutter aufgewachsen ist?

Welche Besonderheiten prägten ihre Kindheit, Jugend und ihr frühes Erwachsenenalter?

Welchen Charakter hatte Ihr Großvater, also der Vater Ihrer Mutter?

Welchen Charakter hatte Ihre Großmutter, die Mutter Ihrer Mutter?

Was wissen Sie über das Selbstbild Ihrer Großeltern mütterlicherseits?

Was denken Sie, welchen Einfluss hat das Selbstbild auf die Entwicklung Ihrer Mutter gehabt?

Gab es frühe Verlusterfahrungen in dieser Familie?

Wenn ja, wer hat die Rolle in Folge eingenommen? Welchen Charakter hatte diese Person?

Wie stand diese Person zu Ihnen? Welche Rolle hat die Person in Ihrem Leben eingenommen?

. . . .

. . . .

Platz für Dinge, die noch nicht erfragt wurden, von denen Sie möchten, dass sie hier ausgeführt werden.

. . . .

. . . .

Vermutlich werden Sie nicht jede Frage beantworten können oder wollen. Können Sie noch jemanden befragen, der mehr weiß und erzählen mag? Vielleicht löst die Spurensuche bei Ihnen eine richtige Blockade aus. Einen Widerstand, der nicht zu überwinden ist. Nehmen Sie diese Gefühle und die Körperreaktion bitte ernst. Nicht jede Kindheit ist erfüllt von liebevollen Erfahrungen.

Nehmen Sie Blockaden und inneren Widerstand ernst!

Es ist völlig okay, nach einer schwierigen Kindheit mit solchen Eltern und Rahmenbedingungen nicht auch noch nach Entschuldigungen für deren Verhalten suchen zu wollen. Sie tragen dafür sicher keine Verantwortung, dass Ihre Mutter war, wie sie war. Auch wenn sich manchmal solche Zweifel wie bei Frau Quer im folgenden Beispiel anschleichen wollen.

Frau Quer sprach im Zuge der Biografiearbeit fast entschuldigend über die Überforderung der Eltern. Ihr Argument war, dass sie ein »schwieriges Kind« gewesen sei, »störrisch, übermütig und voller Energie«. Ihre Therapeutin sagte zu ihr: »Das will ich doch hoffen.« Denn mit diesem Charakter ausgerüstet kann man neugierig sein und lernen, sich durchzusetzen. Das können hilfreiche Charakterzüge im Leben sein. Frau Quer war von dieser Antwort sehr überrascht, denn bisher war ihr immer die besonnene Schwester vorgehalten worden, die etwas langsamer und beobachtend war. Diese sei nicht aus Bäumen gefallen und habe nicht ständig neue Sorge bei den Eltern verursacht, die durch die finanziellen Sorgen aufgrund der Arbeitslosigkeit des Vaters bereits ziemlich belastet gewesen seien.

Unauffällig und nebenbei groß werden sind sicher keine Attribute, die für Kinder gelten sollten. Das ist eine Anpassungsleistung von Kindern, die vielleicht die Idee haben, dass sie sich den Eltern oder Umständen nicht zumuten dürfen. Doch Kinder sind da, auch wenn es um sie herum schwierig und turbulent zugeht. So gilt es auch, Aufmerksamkeit für sie zu haben. Es ist die Aufgabe der Erwachsenen, sich auf sie einzustellen. Das kann eine echte Herausforderung sein, doch die meisten Eltern haben schon andere wichtige Herausforderungen geschafft. Sie sind im Leben verankert und haben die Erfahrungen im Gepäck, die sie brauchen, um flexibel zu sein. Das gilt natürlich auch, wenn Eltern unter schwierigen Verhältnissen mit Traumatisierungen aufgewachsen sind. Dann ist verständlich, sich erst einmal davon zu distanzieren. Es ist erst einmal mühsam genug, den eigenen Weg zu finden und sich zu entwickeln. Das hat Einfluss auf das eigene Selbstbild.

Falls Sie nun mehr wissen, stehen Ihnen weiterhin die Gefühle und Impulse zu. Alles darf nebeneinander bestehen. Jedes Kind hat das Recht, geliebt und geachtet zu werden. Dieses Recht haben auch Sie, trotz all des Wissens. Falls die Impulse und Emotionen im Alltag Sie belasten, holen Sie sich bitte Unterstützung, auch wenn das zum zweiten oder dritten Mal passiert. Jede bisherige Therapie war vielleicht für einen anderen Schwerpunkt oder Aspekt wichtig. Wie eingangs beschrieben: Wir entwickeln uns ständig und stetig. Schön ist es, wenn wir die Richtung mitbestimmen. Was war noch mal Ihr persönliches Ziel?

Schreiben Sie es sich hier noch mal auf. Verschaffen Sie sich Klarheit, inwieweit Sie Ihr Ziel mit der Auseinandersetzung mit Ihren Wurzeln erreichen können.

. . . .

. . . .

. . . .

Mutterrolle

Eine gute Bekannte leidet darunter, eine aus ihrer Sicht perfekte Mutter gehabt zu haben. Nennen wir sie Frau Gerner.

Frau Gerner ist Mutter dreier Jungs, und neben den Herausforderungen, die diese mit sich bringen, quälen sie viele Zweifel und Gedanken um ihre Mutterrolle. Sie erlebe sich so völlig anders als ihre eigene Mutter. Ständig sei sie überfordert, deshalb nicht gut drauf, und ihre Jungs würden wie eine »Horde wilder Flöhe alles befallen und herumhüpfen«. Ständig müsse sie sich bei anderen Eltern entschuldigen, weil es immer wieder zu Konflikten mit anderen Kindern komme. Frau Gerner beschreibt ihren Alltag als Mutter. Durchaus raufen die Jungs um den Bagger anderer Kinder in der Sandkiste, halten als Geschwister zusammen, wenn der Kleinste geärgert wird, fallen hin, verletzen sich. Ständig muss einer der Jungs zum Arzt, weil irgendetwas verletzt ist. Beim letzten Mal habe sie vergessen, den Herd auszumachen, und so brannte der Topf mit den Kartoffeln an. Nur der Nachbar konnte ein schlimmes Unglück verhindern. In ihrer Erinnerung sei die Mutter ruhig und besonnen gewesen, habe täglich das Mittagessen gekocht und mit Warmherzigkeit die Verletzungen der fünf Kinder versorgt. Frau Gerner habe sich vorgenommen, auch mal fünf Kinder zu bekommen. Sie habe sich als Kind mit so vielen Geschwistern wohl- und behütet gefühlt. Das möchte sie ihren Kindern auch ermöglichen. Außerdem habe sie sich immer eine Tochter gewünscht. Nun sind da die drei Jungs, und Frau Gerner und ihr Mann diskutieren, ob es noch ein weiteres Kind geben soll.

★★★★ Die perfekte Mutter kann ganz schön belastend sein …

Es ist leicht nachzuvollziehen, dass eine gut ausgefüllte Mutterrolle, die vorgelebt wurde, keineswegs die einfachste Ausgangsbasis ist. So eine Mutter rückt in den Mittelpunkt der eigenen Entwicklung und stellt eine Orientierung dar. Mit einer scheinbar perfekten Mutter im Gepäck gibt es wenig, von dem man sich abgrenzen kann, was man besser machen will.

Die Mutterrolle scheint gut so, wie sie durch die eigene Mutter ausgefüllt wurde. Und genaues Betrachten? Das lohnt sich meist gar nicht, so denkt jedenfalls Frau Gerner aus diesem Beispiel. Ihre Kindheit war perfekt und gut. Das will sie nun auch ihren Kindern ermöglichen, und zum Glück hat sie einen Mann gefunden, der diese Entscheidung mitträgt. Damit wird es aber auch nicht einfacher. In ihrer Selbstdarstellung kann Frau Gerner nur abweichen und ihre Mutterrolle schlechter ausüben. Dem inneren Vergleich wird sie wohl kaum standhalten. Lesen Sie weiter:

Zu allem Übel kommt die »perfekte Mutter« nun als »perfekte Oma« jedes Wochenende zu Besuch. Sie hilft tatkräftig und beschäftigt die drei Jungs, damit Frau Gerner Pause hat. Wohlwollend ermutigt die Oma sie, ruhig noch ein Kind zu bekommen, denn »gemeinsam schaffen wir das«. Zum Glück springt Frau Gerners Mutter in der Rolle der Oma ein, doch das zeigt ihr nur ihre eigenen Schwächen und Fehler auf. Frau Gerner geht es damit oft schlecht, denn aus ihrer Sicht schafft sie es einfach nicht, eine gute Mutter zu sein. Das sind keine schönen Pausen. Zeit zum Nachdenken und Grübeln, statt sich zu erholen.

Bestimmt können Sie sich ein bisschen in Frau Gerner hineinfühlen. Das ist ein echter emotionaler Fallstrick. Natürlich haben Sie ein bisschen mehr Abstand und bereits ein paar Ideen für Frau Gerner, aber sie selbst hat eben nur die »perfekte Mutter« vor Augen. Mögen Sie mal auf die vermittelte Rolle einer Mutter schauen, die Ihnen vorgelebt wurde?

Beschreiben Sie mit ein paar Stichworten die Mutterrolle, die Ihre Mutter im Alltag eingenommen hat.

. . . .

. . . .

Was konnte Ihre Mutter gut?

. . . .

. . . .

Was ist Ihrer Mutter schwergefallen?

. . . .

. . . .

Hier ist Platz für Wünsche an Ihre Mutter, die Sie heute noch haben.

. . . .

. . . .

Manchmal ist es nicht möglich, Wünsche, die man an die eigene Mutter hat, zu äußern. Wenn Ihre Mutter verstorben ist oder sich eine große Distanz zwischen Ihnen befindet, kann das Äußern von Wünschen auch einen schmerzhaften Prozess anstoßen und Traurigkeit, Wut oder Enttäuschung auslösen. Dennoch sind diese Wünsche da und klopfen immer wieder bei Ihnen an.

Ideen für sich nutzbar machen

Sie erinnern sich vielleicht? Am Anfang dieses Kapitels habe ich geschrieben, dass jeder Mensch eine tiefe innere Idee über eine gute Mutter in sich trägt. Dieses tief verinnerlichte Wissen führt dazu, dass wir das Verhalten unserer Eltern sehr wohl einschätzen können, wenn wir es uns erlauben. Nach einem Prozess der Trauer darüber, das vielleicht nicht oder nicht ausreichend erfahren zu haben, bleibt dennoch die Idee. Die können Sie nutzen. Daraus entstehen Wünsche ebenso wie Ideen, was Ihnen gutgetan hätte. An dieser Stelle steht die Ermutigung, denn auch andere Menschen haben mütterliche Anteile und freuen sich, sie ab und zu ausleben zu können. Ein bisschen Chance auf Wiedergutmachung oder neue Erfahrungen besteht immer.

Was habe ich von meiner Mutter?

Zu jeder Entwicklung gehören Identifikationsprozesse (siehe auch S. 162). Menschen, die uns nahestehen, denen wir nahestehen möchten, sind Teil dieser Prozesse. Es lassen sich dazu viele Definitionen und Beschreibungen finden. Dazu gehören Aussagen wie: sich mit anderen oder einer Person emotional gleichzusetzen, ihre Werte und Ideale zu übernehmen, sich aus einer inneren Überzeugung zu jemandem zu bekennen, aber auch, sich in einer anderen Person wiederzuerkennen und Ähnlichkeiten festzustellen.

Vom Sinn des Identifizierens

Weshalb kann es sinnvoll sein, sich mit der Mutter zu identifizieren? Es schafft Bindung, und auf diese sind Säuglinge, Kinder und jeder Mensch angewiesen. Bindung ist eines unserer elementarsten Grundbedürfnisse (siehe dazu auch im Anhang). Ohne Bindung findet oft keine Entwicklung statt. Sie kennen das vermutlich von Menschen, die sehr lange allein leben. Durch sogenanntes eigenbrötlerisches Verhalten verlieren sie fast die Fähigkeit, mit anderen Menschen zusammenleben zu können. Sie haben recht, das ist auch eine Entwicklung. Aber keine, die für den sozialen Zusammenhalt notwendig ist.

★★★★ Identifikation ermöglicht Beziehung.

In Menschen, mit denen man sich identifiziert, kann man sich leichter hineinfühlen. Man versteht sie intuitiv und kann ihr Handeln besser vorhersagen. Unser Gegenüber wird uns noch sympathischer, wenn es eine ähnliche Mimik und Gestik hat wie wir. Verlaufen diese parallel, können wir fast nicht anders, als unser Gegenüber zu mögen.

Über Identifikation lernen wir, zu denken und zu fühlen. Am Beispiel unserer Eltern sind das natürlich die ersten Prägungen von außen für unser Denken, Fühlen und Handeln. Um sich in seiner Familie wohlfühlen zu können, sind viele Gemeinsamkeiten hilfreich: je mehr Gemeinsamkeiten, desto größer die Toleranz für die Unterschiede einzelner Familienmitglieder. Von unseren Eltern lernen wir über den Prozess des Modelllernens: Wir beobachten und ahmen ihr Verhalten nach und erlernen so eigene Verhaltens- und Denkweisen. Das ist auch sinnvoll, denn diese haben mit ihren Strategien offenbar überlebt.

Der Apfel fällt nicht weit vom Stamm

Noch weitergehend betrachtet führen Ähnlichkeiten auch in der größeren Familiengemeinschaft dazu, dass die Eigenschaften der Person, die vielleicht recht beliebt war, auch auf die jüngere Person übertragen werden. Es gibt sozusagen einen Vertrauensvorschuss, der nicht immer gerechtfertigt ist oder manchmal auch eine Last darstellen kann, wenn man nicht so sein mag wie die andere Person. Das gilt natürlich auch für weniger gute Eigenschaften, die einer Person zugesprochen werden. Dieser »Der Apfel fällt nicht weit vom Stamm«-Gedanke kann dazu führen, dass Menschen sich gegenüber der jüngeren Person mit Ähnlichkeiten erst einmal vorsichtiger verhalten. Wie sieht es denn bei Ihnen aus? Gibt es Gemeinsamkeiten und Ähnlichkeiten mit Ihrer Mutter?

Was sagen Ihnen andere Menschen, was haben Sie von Ihrer Mutter »geerbt« und übernommen?

Worin sind Sie sich ähnlich?

Wofür war Ihre Mutter ein Vorbild und gibt Ihnen heute noch Orientierung?

Welchen Ähnlichkeiten stehen Sie skeptisch gegenüber?

Welche Ähnlichkeiten können Sie annehmen und fördern Sie gar?

Gibt oder gab es typische Beziehungssätze von Ihrer Mutter an Sie, wie z. B. »Du bist doch die Große« oder »Nimm bitte Rücksicht«?

Welcher dieser Sätze klingt heute noch in Ihnen an?

Von der Identifikation zur Individuation

»Man kann einen Ort nur verlassen, wenn man auch an ihm angekommen ist« (Urheber unbekannt). So gehört das Entdecken von Ähnlichkeiten auch dazu, den Prozess anzustoßen und so eine Individuationsentwicklung zu ermöglichen. Was bedeutet das denn nun wieder? Der Prozess der Individuation ist die Entwicklung des Selbst und der eigenen Individualität (weiterführende Literatur: MONTADA u.a. 2012).

Eine Lebensphase, in der Individuation eine große Bedeutung hat, ist die Pubertät. Da beginnen Kinder, sich abzugrenzen, Eltern und deren Werte »unmöglich« zu finden. Sie wollen sie selbst sein, und das Lösen aus dem Bisherigen verursacht natürlich emotionale Instabilität, die alle in Kauf nehmen müssen und die durchaus sehr anstrengend sein kann. Eine Nebenwirkung von Weiterentwicklung sind also emotionale Turbulenzen und Unsicherheiten, aber auch Freiheiten, die sich daraus ergeben.

Wohin möchten Sie sich entwickeln? Was ist Ihr persönliches Ziel?

Damit ist Ihr ursprüngliches Ziel gemeint, aber vielleicht auch ein neues, das sich in der Auseinandersetzung mit Ihren Eltern entwickelt hat. Ziele verändern sich mitunter ganz schön schnell. Oder Sie werden immer genauer in der Zielformulierung. Gut so, dann passen das Ziel und Ihre Entwicklungsaufgabe immer besser zu Ihnen.

Entwicklung der Beziehung zu meiner Mutter

Beziehungen verändern sich. Genau wie die Beziehung zwischen Vater und Kind sich verändert, gibt es auch Veränderungen in der Beziehung zur Mutter. Eine Beziehung ist nie in Stein gemeißelt und damit fest und starr. Im Gegenteil: Gute Beziehungen zeichnen sich dadurch aus, dass das, was man füreinander empfindet, in wesentlichen Zügen gleich bleibt, aber Wandel geschehen darf. Unterschiedliche Bedürfnisse und Erfordernisse beider Seiten fordern immer wieder eine Annäherung, z. B. durch die Notwendigkeit, Kompromisse zu finden, oder eine Phase der Ablösung und Entfernung, die auch damit einhergehen kann, den Kontakt mal ruhen zu lassen. Jede gesunde Beziehung geht also einher mit Annäherungs- und Distanzierungsphasen.

Es gibt aber auch Besonderheiten in der Beziehung zwischen Kindern und Eltern, bei denen Annäherung und Distanzierung so nicht lebbar sind. Das kann der Fall sein, wenn Kinder körperlich und / oder geistig so beeinträchtigt sind, dass sie immer in der Rolle der zu Versorgenden bleiben. Hier kann eine Entwicklung unter den Rahmenbedingungen der Begrenztheit stattfinden. Dennoch lässt sich das Prinzip auch hier übertragen, denn die Förderung von Fähigkeiten und Fertigkeiten ist ein wichtiges Ziel, damit später eine (vielleicht notwendige) Ablösung von den Eltern stattfinden kann.

Kaum ist man gebunden, heißt es wieder loslassen.

Das Prinzip der Annäherung und Ablösung gilt auch in der Beziehung zwischen Mutter und Kind. Anfangs fordert der Säugling viel Bindung und Versorgung. Oft ist die Mutter durch das Stillen die naheste Bezugsperson, von der sich die größer werdenden Kinder für die eigene Entwicklung langsam zu lösen beginnen. Immer wieder gibt es »Mamaphasen«, die mit Annäherung einhergehen, und »Papaphasen«, die helfen, sich auch aus der mütterlichen Beziehung zu lösen. Nähe und Distanz sowie der Wechsel zwischen beidem sind für einige Menschen eine der Herausforderungen im Leben. Dann gilt es, Unsicherheiten auszuhalten, anderen Menschen Freiraum zu geben und die Erfahrung zu machen, dass dies für das Miteinander förderlich ist.

Umkreisen verhindert Entwicklung

Sie haben vermutlich auch schon viel von den »Helikoptereltern« gelesen, die nur um das Kind kreisen und so seine Autonomieentwicklung hemmen. Neben schützenden Erfahrungen machen diese Kinder auch die Erfahrung, dass es ohne Eltern in dieser so »gefährlichen« Welt nicht geht. Sich zunehmend ohne Eltern auszuprobieren, neugierig auf die Welt zu sein und aus eigenen Fehlern zu lernen, gehören zu einer guten Entwicklung. Lassen Sie uns auf Ihre Mutter schauen. Wie ist sie mit den wechselnden Phasen und Veränderungen in Ihrer gemeinsamen Beziehung umgegangen? Die folgenden Fragen unterstützen Sie bei der Betrachtung.

Wie hat sich Ihre Mutter um Sie als Säugling gekümmert?

Wie war die Verbindung zwischen Ihnen im Kleinkindalter?

Was wissen Sie über Ihren Kontakt im Kindesalter bis zur Pubertät?

Gab es Veränderungen während und nach der Pubertät?

Welche Besonderheiten konnten Sie im Kontakt zu Ihrer Mutter feststellen, als Sie ins junge Erwachsenenalter eintraten?

Wie war Ihre Beziehung im mittleren Erwachsenenalter?

An welche Veränderungen, die durch das zunehmende Alter Ihrer Mutter entstanden sind, erinnern Sie sich noch?

Gab es einschneidende Erlebnisse zwischen Ihnen und Ihrer Mutter?

Wie stehen Sie zum aktuellen Zeitpunkt zu Ihrer Mutter?

. . . .

. . . .

Haben Sie Wünsche an Ihre Mutter?

. . . .

. . . .

Wünscht sich Ihre Mutter etwas von Ihnen?

. . . .

. . . .

Was lösen die mütterlichen Wünsche bei Ihnen aus?

. . . .

. . . .

Schreiben Sie Gedanken, die bisher noch keinen Platz hatten, gern hier nieder.

. . . .

. . . .

Veränderungen sind natürlich

So wie es nie zu spät für eine glückliche Kindheit ist, so lohnt es sich, sich die Veränderungen in der gemeinsamen Mutter-Kind-Beziehung bewusst zu machen. Menschen verändern sich, vielleicht kann Ihre Mutter heute etwas besser als früher? Vielleicht entdecken Sie auch noch eigene Stärken und Ressourcen, die aus dieser Verbindung resultieren?

Falls Sie für sich entschieden haben, den Kontakt ruhen zu lassen oder zu begrenzen, wird es gute Gründe haben. Auch Sie verändern sich, und daher lade ich Sie ein, immer mal wieder für sich zu prüfen, ob es neue Wünsche oder Veränderungsideen für die Beziehung zu Ihrer Mutter gibt. Das können Sie in ruhigen Momenten tun, wenn Sie beispielsweise mal »Urlaub von der Problembeziehung« machen. Dazu können Sie gern die Übung vom Anfang des Buches im Abschnitt zur eigenen Handschrift (siehe S. 18 f.) nutzen. Erlauben Sie sich, mit einem guten Ausgangsgefühl auf Ihre aktuellen eigenen Bedürfnisse zu schauen.

Natürlich kann der Prozess des Nachdenkens auch viele andere Gefühle aktivieren. Oder Sie spüren beispielsweise die Sehnsucht nach Ihrer Mutter sehr stark, weil sie nicht mehr lebt. Nehmen Sie sich auch dafür ausreichend Zeit. Eine große Portion Selbstfürsorge kann Sie unterstützen, Mitgefühl für sich selbst aufzubringen. Dafür finden Sie im Abschnitt »Selbstfürsorgliche Verhaltensweisen« (siehe S. 207 f.) eine kleine Alltagsübung mit hoffentlich großer Wirkung.

Meine Geschwister

Die emotionale Beziehung zu den Eltern ist eine wichtige Erfahrung im Leben. Mindestens genauso bedeutsam sind Beziehungen zu Geschwistern. Mit ihnen lernen wir oft ganz nebenbei einen ersten Umgang mit unterschiedlichen Charakteren. Die Beziehung zu unseren Geschwistern gestalten wir als Kind aktiver mit, befinden sich diese doch gefühlt auf Augenhöhe. Die Gemeinsamkeit, ein Kind dieser Eltern zu sein, fördert die Verbindung und das kindliche Miteinander. Schon in Märchen, die wir als Kinder vorgelesen bekommen haben, wird auf diese besondere Verbindung aufmerksam gemacht. So können Hänsel und Gretel zusammen die Hexe besiegen und erfolgreich heimkehren. Schneeweißchen und Rosenrot sind sehr unterschiedlich, und dennoch zeigt ihre Verbundenheit, dass man anderen helfen kann (dem undankbaren Zwerg) und auch Hilfe (durch den verzauberten Bären, den Königssohn) bekommt.

Die längsten Beziehungen unseres Lebens

Geschwisterbeziehungen bestehen oft am längsten, und selbst wenn es keinen Kontakt gibt, ist man miteinander verbunden. Nur etwa jedes vierte Kind ist ein Einzelkind (Statistisches Bundesamt 2017). Viele Paare wünschen sich mindestens ein zweites Kind. Das zeigt sich auch in den Zahlen: Etwa fünfzig Prozent aller Kinder haben ein Geschwister, 18 Prozent zwei und etwa acht Prozent mehr als zwei. Diese Verteilung ist seit vielen Jahren ganz ähnlich.

Glauben Sie, dass die Reihenfolge, in der wir geboren sind, uns prägt? Vielleicht ist es nicht der Moment der Geburt, der natürlich durch Besonderheiten einen Einfluss auf unsere Gesundheit, unser seelisches Befinden oder darauf, wie unsere Eltern zukünftig mit uns umgehen, haben kann. Vielmehr sind es oft die Erfahrungen und Erlebnisse, die wir im Laufe der Kindheit mit anderen Menschen machen oder gemacht haben – neben den Eltern eben z. B. mit den Geschwistern, die in ihrer Individualität auch unser Sozialverhalten prägen. Wir müssen früh den Umgang mit ihnen lernen, denn sie begleiten uns täglich. Selbst wenn Geschwister abwesend sind, zeigt doch der Umgang der Eltern mit ihnen, was uns vielleicht auch passieren könnte.

Frau Can berichtet, dass ihr Bruder einen sehr schwierigen Charakter gehabt habe. Ständig habe es Streit und Konflikte gegeben, und sein Temperament habe sich auch auf sie ausgewirkt. Sie habe sich als jüngere Schwester oft gefürchtet und Angst vor ihm gehabt. Seine Wutausbrüche beschreibt Frau Can als »legendär«, und die Verzweiflung ihrer Eltern war ihnen oft ins Gesicht geschrieben. Heute ist Frau Can fünfzig Jahre alt. Sie erinnert sich an den Moment, in dem ihr bewusst wurde, dass ihr Bruder plötzlich weg war. Er lebte nun in einem Heim in der Nähe des Heimatortes, und die Familie besuchte ihn an den Wochenenden. Für Frau Can war es ein richtiger Schock, zu sehen: Wenn man als Kind nicht funktioniert, wird man weggegeben und darf nicht mehr Teil der Familie sein. Natürlich war sie auch ein wenig erleichtert, doch die Verunsicherung und das schlechte Gewissen hätten sie in ihrer Kindheit mehr begleitet, als sie sich zu erzählen getraut habe. Frau Can habe sich ihrem Bruder gegenüber bevorzugt und schlecht gefühlt, weil sie noch das Familienleben und die Eltern hatte. Sie habe sich im weiteren Leben nicht getraut, Ärger und Wut zu zeigen oder den Eltern Sorgen zu machen. Noch heute traue sie sich nicht, mit ihrem Bruder darüber zu sprechen, wie es für ihn gewesen ist. Sie habe Angst vor Vorwürfen, die der Bruder zwischen den Zeilen schon geäußert habe. Er fühlte sich von der Schwester nicht geschützt, obwohl er wisse, dass seine kleinere Schwester das noch nicht habe tun können. Aus seiner Sicht sei sie auch immer weiter bevorzugt worden.

An den Feiertagen habe er sich wie ein Aussätziger in der eigenen Familie gefühlt. Zum Schluss habe er kaum noch nach Hause fahren wollen und das dann auch später nicht mehr getan.

Die Eltern von Frau Can und ihrem Bruder leben nicht mehr, doch die Geschwisterverbindung leidet unter all den Erfahrungen, die sich scheinbar kaum klären lassen. Das Beispiel ist sicherlich sehr dramatisch, aber so verdeutlicht es doch, wie genau Kinder ihre Eltern im Umgang mit den Geschwistern beobachten und lernen. Genauso können sie sich mit den Geschwistern gemeinsam erproben.

Impulse und Anregungen

Geschwister bringen neue Impulse ins Leben. Die Jüngeren versuchen, den Größeren Dinge nachzuahmen oder für sich dasselbe an Freiheiten bei den Eltern zu erobern. Sie schauen sich z. B. Spiele, Fertigkeiten oder den Kleidungsstil ab, bewundern den großen Bruder für seine Stärke und erfreuen sich am jüngsten Familienmitglied und dessen Entwicklung. Sie sind ein Einzelkind? Dann haben auch Sie Ihre Eltern beobachtet und machen es vielleicht heute noch. Denn auch Einzelkinder schauen, wie Eltern mit anderen Kindern aus ihrer Umgebung umgehen. Das sind dann die Cousine oder der Cousin, die kleinen Freunde aus der Kita oder vom Spielplatz. Es gibt immer Möglichkeiten, von Erwachsenen zu lernen, vor allem aber den Umgang mit anderen Menschen. Der unterschiedliche Umgang wird durchaus hinterfragt und nachgeahmt, wie im folgenden Beispiel:

Herr Kloß hat einen Sohn Tom und erzählt ganz unbefangen davon, dass dieser ihn gefragt habe, weshalb er bei Toms Cousine nicht im Kinder-Kaufladen einkaufen wollte. Als Vater war er erst einmal beeindruckt davon, dass sein Sohn das überhaupt bemerkt hat. Dann antwortete er, »Einkaufen ist eben keine Männersache«, und Tom antwortete, dass ein Erzieher in der Kita sehr wohl im Kaufladen einkaufe. Das beschäftigte seinen Sohn, und als seine Cousine ihn erneut einlud, doch einkaufen zu wollen, antwortete er unsanft: »Jungs kaufen nicht ein.« Die Tränen der Cousine machten Tom hilflos. Herr Kloß wiederum wusste in dem Moment gar nicht, wem er sich zuerst zuwenden sollte.

Lassen Sie uns gemeinsam Ihre Geschwisterkonstellation betrachten. Wenn Sie ein Einzelkind sind, überlegen Sie, welche Kinder in Ihrer Umgebung oft da waren. Vielleicht standen diese Kinder Ihnen auch emotional nahe? Das können beispielsweise Cousine und Cousin sein, Kinder von Freunden Ihrer Eltern oder Ihre eigenen Freunde und Freundinnen, zu denen Sie viel oder wenig, aber besonderen Kontakt hatten. Diese können Sie dann statt eigener Geschwister für Ihre Überlegungen nutzen. Falls Sie mehrere Geschwister haben, können Sie auch eine Tabelle anlegen. Zum Beispiel so:

Klaus	*Sonja*	*Ich*	*Paul*

Diese Tabellenstruktur können Sie für die weiteren Antworten beibehalten. Tragen Sie die Antworten zu den Fragen einfach unter dem jeweiligen Namen ein.

Zählen Sie alle Geschwister und Kinder, die vielleicht einen Geschwisterersatz darstellen, in Ihrem nahen Umfeld in der Reihenfolge auf. Beginnen Sie mit dem ältesten Geschwister / Kind. Unterstreichen Sie dann Ihren eigenen Namen.

Wie war es für Sie, ältestes / mittleres / jüngstes oder Einzelkind zu sein?

Gab es Besonderheiten in Bezug auf die Geschwister / nahen Kinder? Beispiele: eine Erkrankung oder das frühe Versterben eines Geschwisterkindes.

Wie haben Sie sich selbst als Kind in Beziehung zu Ihren Geschwistern / anderen Kindern gefühlt?

Welche Gemeinsamkeiten hatten Sie als Geschwister?

Welche typischen Erlebnisse gab es zwischen Ihnen und den Geschwistern / emotional nahen Kindern?

Was haben die Geschwister / nahen Kinder Ihnen gezeigt?

Was haben Sie von ihnen gelernt?

Worin haben Sie sich unterschieden?

Was waren für Sie wichtige Erlebnisse mit den Geschwistern / nahen Kindern?

Wo gab es für Sie noch Möglichkeiten, mit anderen Kindern zusammen zu sein? Beispiele: im Kindergarten, bei Großeltern mit Cousinen.

. . . .

. . . .

Was sind – aus Ihrer Erinnerung – heute für Sie emotional bedeutsame Erfahrungen?

. . . .

. . . .

Hier ist noch Platz für Gedanken, die zu diesem Thema noch nicht erfragt wurden.

. . . .

. . . .

Eigenschaften der Geschwister

Um sich selbst besser zu verstehen, kann es sinnvoll sein, sich die Charaktereigenschaften der Geschwister zu verdeutlichen. Diese Eigenschaften beeinflussen auch uns im Alltag, denn wir müssen lernen, darauf einzugehen und damit umzugehen. In den 1970er-Jahren war es populär, die Geburtenreihenfolge und deren Bedeutung für die Kinder zu untersuchen. Dahinter steckt natürlich die Idee, dass Kinder in der Familie lernen. Sie übernehmen Rollen innerhalb der Familie. In diesen Rollen erfahren sie Förderung und Anerkennung oder auch Kritik und Ablehnung, innerhalb der Familie auch weit über die Kindheit hinaus.

Erwartungen an Kinder verändern sich

Die Erwartungen der Eltern an das erste oder einzige Kind sind recht hoch. Erstgeborene passen sich schneller und leichter an. Die Nesthäkchen hingegen kämpfen um Aufmerksamkeit und sind rebellischer als ihre Mitgeschwister. Was ist mit den berühmten »Sandwichkindern«, die in der Geburtsreihenfolge dazwischenliegen? Anscheinend sind sie geselliger und loyal, aber auch weniger greifbar. Das sind klassische Ideen, aber hat das wirklich mit der Geburtsreihenfolge zu tun? Nein, es ist vielmehr das Aufwachsen in einer familiären Struktur, denn kein Baby wird mit diesen »Eigenschaften« geboren.

Strukturen und Erwartungen in der Familie prägen unsere Charaktereigenschaften und das, was wir mit auf den Weg bekommen haben. Solche Erwartungen richten sich auch auf die Geschwister und den Umgang mit anderen nahen Kindern. Jedes Kind kämpft und müht sich um die Aufmerksamkeit der Eltern. Und jedes Kind hat und verwendet andere Strategien dafür. Natürlich ist es leicht zu denken, eine ältere Schwester hilft den Eltern bei den jüngeren Geschwistern, lernt also, wie gut mit kleinen Kindern umzugehen ist. Sie musste es ja täglich und hat vermutlich ab und zu auch mütterliche Aufgaben übernommen. Wenn es denn nur so einfach wäre ... Stattdessen gibt es andere Berichte. Lesen Sie selbst:

Frau Holz ist in einer männerdominierten Firma im Finanzsektor angestellt. Im Management und Marketing geht es zeitweise recht ruppig und turbulent her. Frau Holz fühlt sich oft überfordert mit »all dem Machtgehabe« und möchte am liebsten ihren Job in Ruhe ausfüllen. Im Großraumbüro wird oft laut diskutiert, und das Konfliktverhalten einiger männlicher Kollegen wirkt auf sie bedrohlich. Gemeinsam schauen wir auf ihre Erfahrungen im Umgang mit Männern. Natürlich fallen Frau Holz zuerst ihre Brüder ein. Schnell wird ihr klar: Der mittlere Bruder, »der wilde Haudegen«, war so anders als sie selbst. Mit ihm hat sie kaum eine Verbindung gefunden. Sie erlebte oft Ärger und Überforderung, wenn sie von den Eltern den Auftrag bekam, sich um ihn zu kümmern. Harmonie und ein zugewandtes Miteinander waren Frau Holz wichtig, doch damit konnte sie bei ihrem jüngeren Bruder kaum etwas erreichen. Leichter wurde es für sie, als der jüngste Bruder geboren wurde. Frau Holz hatte zwar heimlich auf eine kleine Schwester gehofft, doch sie fand den kleinen Bruder sehr süß. Er hatte in ihrer Wahrnehmung einen ganz anderen Charakter, war sanfter und besonnener. Spielzeug ging bei ihm nie kaputt. Er war neugierig und achtsam, ganz wie Frau Holz sich selbst als Kind beschrieben hätte. Hier entstand sofort ein Gefühl von Nähe und Zugewandtheit. Infolgedessen kümmerte sie sich gern um den kleinen Bruder, und die Verbindung der beiden war bis ins Erwachsenenalter sehr positiv.

Sich ohne Geschwister geschwisterlich ausleben

Sind Sie Einzelkind? Dann lade ich Sie an dieser Stelle ein, Ihre geschwisterähnlichen Verbindungen zu betrachten. Solche Verbindungen halten nicht immer ein Leben lang, können aber ähnlich intensiv sein. Und für Geschwisterkinder ist es auch mal eine interessante umgekehrte Überlegung.

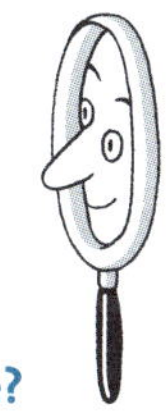

Für Einzelkinder:

Zu welchen Kindern aus Ihrem Umfeld hatten Sie geschwisterähnliche Kontakte?

. . . .

. . . .

Wie lange haben diese Verbindungen etwa gehalten?

. . . .

. . . .

Für Geschwisterkinder:

Wären Sie mit Ihren Geschwistern als Kind befreundet gewesen? Schreiben Sie bei mehreren Geschwistern den Namen dazu, ehe Sie die Antwort notieren.

. . . .

. . . .

. . . .

Der Geschwisterzoo oder die Familie der Tiere

Viele Übungen und Bilder sind geeignet, um sich den Eigenschaften von Menschen anzunähern. Bei den Eltern haben wir es über die Landschaftsmetapher probiert. Wenn Ihnen das gefallen hat, können Sie sich mit diesem Bild gern auch Gedanken zu Ihren Geschwistern machen. Ein anderer Vorschlag, der mir gut gefällt: es über andere Familien, die uns umgeben, zu versuchen. Damit meine ich Familien in anderen Arten, z. B. Pflanzen oder Tiere. Vielleicht haben Sie sich insgeheim schon mal über solche Aufgaben lustig gemacht. Es erfüllt uns ja tatsächlich mit einem Schmunzeln und Zwinkern im Gesicht und entspricht vielen Klischees darüber, was man landläufig unter Laienpsychologie oder Ähnlichem versteht. Doch mir gefällt die Idee der Tierfamilie trotzdem sehr gut. Selbst wenn man das Zwinkern und Schmunzeln bei der Aufgabe beibehält, verdeutlicht die Idee doch einiges davon, worum es hier geht.

Tiere in Verbindung

Stellen Sie sich Ihre Geschwister einzeln vor und überlegen Sie: Wenn der Bruder oder die Schwester ein Tier wäre, welches wäre es dann? Sie können die Tiere zeichnen, dann werden sie besonders individuell. Oder Sie versehen die ausgewählten Tiere mit vielen Eigenschaften wie: großer, dickhäutiger, aber auch grauer Elefant. Sie können sich auch kleine Spielzeugtiere aus dem Spielwarengeschäft besorgen.

Machen Sie zwei, drei tiefe Atemzüge und erlauben Sie sich, in anderen Kategorien zu denken und sich vorzustellen, Ihre Geschwister wären Tiere, wie wir Tiere eben so kennen. Zum Beispiel: Ihre kleinste Schwester erinnert Sie an eine Giraffe:

Kathrin: sanft, besonnen, den Überblick behaltend, scheu und schnell weglaufen (können), mit anderen zusammenleben wollen, elegant.

Zeichnen Sie links das Tier oder kleben Sie ein Bild von einem, das zu den Eigenschaften passt, hier ein. Schreiben Sie den Namen darunter. Neben oder unter dem Bild finden Sie vermutlich noch Platz, wie beim Beispiel die Eigenschaften zu notieren. Gehen Sie so bei jedem Geschwister oder geschwisterähnlichen Kontakt vor.

Zum Schluss dürfen Sie sich auch überlegen, welches Tier Sie vermutlich wären. Das unterscheidet sich manchmal von dem, was man gerne für ein Tier wäre. Sie können die Übung aber auch gut dafür nutzen, um einen Zielzustand zu erreichen. Kinder machen das oft spielerisch, denn stark zu sein wie ein Tiger und das nachzuspielen, aktiviert schon mal das Gefühl, wie man sich wohl fühlen würde, wenn man ein Tiger wäre.

Welches Tier würde Ihnen und Ihren Eigenschaften am ehesten entsprechen? Zeichnen Sie es oder kleben Sie ein Bild hierher.

So, jetzt haben Sie eine kleine Familie – ohne Eltern. Die Geschwisterfamilie können Sie auch gern zusammenstellen, wenn Sie beispielsweise Figuren aus Knete oder Plastik mögen. Mit ein bisschen Fantasie geht das natürlich auch in Gedanken. Das ist eine schöne Überleitung zu den folgenden Kapiteln. **Stellen Sie Ihren Geschwisterzoo doch mal probehalber in die elterlichen Landschaftsbilder. Legen Sie dafür in Gedanken die Landschaftsbilder zusammen und beleben Sie diese mit dem Geschwisterzoo. Was fällt Ihnen auf?**

. . . .

. . . .

Typische Erlebnisse und Konflikte

In jeder Familie gibt es Konflikte und Streitkulturen. Nicht streiten zu können, ist ja auch eine Streitkultur. In manchen Familien geht es heiß her, doch die Beziehung untereinander ist tragfähig, und scheinbar vertragen alle solche emotionalen Turbulenzen. Sich Konfliktstrukturen bewusst zu machen, hilft auch, um sich ins Gegenüber einzufühlen und einen Schritt aufeinander zuzugehen.

Konfliktverhalten und streiten können

Was haben Konflikte zwischen den Geschwistern eigentlich mit Ihrem Ziel zu tun? Das ist eine gute Frage. Eine mögliche Antwort: Wenn Sie Ihren Weg gehen, Ihre Entscheidung treffen, hat das meist auch Auswirkungen auf andere Menschen um Sie herum. Mitunter kommt es dann zu Konflikten, weil jeder seine Interessen und Themen hat. Auf diese kann man nicht immer Rücksicht nehmen, sie aber sehr wohl würdigen. Nun soll es um die typischen Erlebnisse im Familienalltag gehen. Mit der Metapher der Tierfamilie ist es leichter, mit ein wenig Abstand auf die Dinge zu schauen.

Ausgangsbasis dafür sind zwei Erlebnisse:

- Ein Erlebnis, das für Sie persönlich schwer war und Sie belastet hat. Meist kann man sich daran recht gut erinnern, denn das Erlebnis taucht immer wieder auf.
- Ein angenehmes Erlebnis, das Sie als schön und emotional berührend wahrnehmen.

Im Abschnitt »Kindheitserinnerungen – wie wirklich sind sie?« (siehe S. 46 f.) finden Sie das Beispiel mit Frau Maliks Bruder und dem Wespenstich. Natürlich gibt es Erinnerungen, die durch die beteiligten Personen unterschiedlich wahrgenommen und verarbeitet sind. Nehmen Sie ruhig die Erlebnisse für sich, es ist schließlich Ihr Lebensbuch und es sind Ihre Erinnerungen, die emotionale Spuren hinterlassen haben. Was können Sie mit diesen Erinnerungen machen?

Belastende Erlebnisse

Vielleicht haben Sie die Tierfamilie noch vor (Ihren inneren) Augen. Das folgende Vorgehen soll typische Verbindungen verdeutlichen. Wenn es Ihnen leichterfällt, mit einem angenehmen Erlebnis zu beginnen, tun Sie das gern. Sie können aber auch wie vorgeschlagen mit einer typischen Konfliktsituation aus der Kindheit starten.

1. Schritt **Nehmen Sie sich ein weißes DIN-A4-Blatt Papier oder legen Sie zwei zusammen. Erlauben Sie sich die Erinnerung an einen typischen Konflikt zwischen Geschwistern. Das kann ein klassischer Streit um etwas sein oder eine Situation, in der einige Geschwister sich gegen die anderen verbünden. Spüren Sie dem Gefühl der Erinnerung gut nach.**

Nun nehmen Sie bitte das Tier, das Sie für sich ausgewählt haben, und geben Sie ihm einen Platz auf der Fläche. Wo befinden Sie sich in der Erinnerung? Keineswegs muss hier die reale Situation abgebildet sein. Vielmehr geht es um das Gefühl, das Sie hier leiten darf, die Figuren zueinander zu positionieren. Stellen Sie jetzt die Geschwistertiere auf das Blatt, so wie sie nach Ihrer damaligen oder heutigen Wahrnehmung zueinander standen.

2. Schritt Zeichnen Sie die Beziehungen untereinander durch Linien und Pfeile ein. Pfeile stellen die Richtung der Beziehung dar. Wenn Ihnen das zu durcheinander wird, weil Sie eine große Familie haben, wählen Sie einfach farbige Linien.

3. Schritt An den Stellen, an denen es solidarische und loyale Verbindungen gibt, malen Sie ein entsprechendes Zeichen, z. B. ein Herz. Zwischen den Kontakten, die konflikthaft sind, können Sie beispielsweise einen Blitz zeichnen. Natürlich geht auch beides, wenn es die Situation hergibt und die Beteiligten das nebeneinander spüren können.

4. Schritt Schreiben Sie nun auch die Konflikt- und Beziehungsthemen an die Verbindungslinien.

Angenehme Erlebnisse

Machen Sie dieselbe Übung nun bitte für das angenehme Erlebnis. Hier können Sie den Beziehungswünschen auch Beziehungssätze zuordnen.

1. Schritt Legen Sie sich ein oder zwei A4-Blätter zusammen vor sich auf den Tisch. Wie eingangs bei der Übung erwähnt, geht es hier nicht um die reale Darstellung der Situation, sondern um die gefühlten Verbindungen zueinander. Verdeutlichen Sie sich daher in Gedanken nochmals die Erinnerung an ein schönes Kindheitserlebnis mit Ihren Geschwistern. Das kann ein schöner Familienausflug sein, ein gemeinschaftliches Behaupten gegen andere, ein Weihnachtsfest etc.

Spüren Sie dem guten Gefühl in der Erinnerung nach. Stellen Sie zuerst das Tier, das Sie symbolisiert, auf die Fläche. Positionieren Sie dann die Geschwistertiere, wie sie zu Ihnen in der emotionalen Erinnerung standen. Stellen Sie sie zueinander

in Beziehung auf dem Blatt. Rücken und verschieben Sie die Positionen und den Abstand, bis es wirklich passt.

2. Schritt Malen Sie die Verbindungen untereinander als Beziehungslinien zueinander. Verdeutlichen Sie mithilfe von Pfeilen die Richtung des Kontaktes.

3. Schritt Malen Sie an den Stellen, an denen es solidarische und loyale Verbindungen gibt, ein entsprechendes Zeichen, z. B. ein Herz. Zwischen den Kontakten, die trotz der Freude ein wenig konflikthaft sind, können Sie beispielsweise einen kleinen Blitz setzen, damit dieser Aspekt trotz des schönen Erlebnisses gewürdigt bleibt. Natürlich geht auch beides, wenn es die Situation hergibt und die Beteiligten das nebeneinander spüren können.

4. Schritt Schreiben Sie nun auch die Beziehungsthemen an die Verbindungslinien. Das können Sätze sein, die einen Beziehungswunsch oder Aussagen enthalten.

Beide Übungen zusammen bilden einen Teil der Vielfalt geschwisterlicher Beziehungen untereinander gut ab. Nun ist es sinnvoll, den Teil für sich herauszuziehen, der unmittelbar mit Ihnen zu tun oder Auswirkungen auf Sie hat.

Notieren Sie alle Sätze, Konfliktthemen oder -aussagen aus den vorherigen Übungen, die mit Ihnen persönlich zu tun haben, in der linken Spalte der unten stehenden Tabelle.

Sprechen Sie diese Sätze laut aus und spüren Sie im Inneren, welche Gefühle sie in Ihnen auslösen. Notieren Sie, was durch das Hören aktiviert wird.

Sätze, Aussagen, die mit Ihnen persönlich in Verbindung stehen oder Einfluss auf Sie haben	Was lösen diese an Gedanken, Gefühlen, Körperempfindungen oder Handlungsimpulsen in Ihnen aus, wenn Sie sie laut aussprechen?
Beispiel: »Ich freue mich mit dir.«	*Zuneigung, Zufrieden- und Geborgenheit, Wunsch, näher zusammenzurücken*

Schauen Sie zum Abschluss dieses Kapitels auf die Verbindung zu Ihren Geschwistern oder geschwisterähnlichen Kontakten im Hier und Jetzt. Wenn Sie mögen, beantworten Sie die folgenden Fragen.

Wären Sie heute mit Ihrem Geschwister befreundet, wenn es keine gemeinsame Geschichte gäbe?

. . . .

. . . .

Welche Rolle erfüllen Sie heute für Ihre Geschwister bzw. geschwisterähnlichen Kontakte?

. . . .

. . . .

Würden Ihre Geschwister zu den obigen Fragen andere Antworten geben? Wenn ja, zu welchen?

. . . .

. . . .

Gibt es Veränderungswünsche im Hier und Jetzt an einzelne Geschwister bzw. geschwisterähnliche Verbindungen?

. . . .

. . . .

Hier ist noch Platz für Gedanken, die bisher nicht erfragt wurden.

. . . .

. . . .

Rituale finden, um Nähe-Distanz-Erwartungen besprechen zu können

Geschwisterbeziehungen sind meist sehr lange Verbindungen, die über die unterschiedlichsten Lebensphasen hinweg und mit vielen Veränderungen der Lebensbedingungen, z. B. dem beruflichen Weg, Partnerschaften, Familienplanung, immer wieder eine Neuausrichtung brauchen. Sie verändern sich, und das Festhalten an den (kindlichen) Rollenerwartungen führt oft zu Konflikten im Hier und Jetzt. Wann immer große Veränderungen anstehen, definieren Sie gemeinsam das Nähe-Distanz-Bedürfnis untereinander. Es gibt viele Möglichkeiten, die Gedanken dazu auszutauschen, denn es braucht nicht immer die »große Konferenz des Geschwisterrates«. Ein Spaziergang oder ein paar Sätze bei einer gemeinsamen Aktivität können Rituale sein, die auch die Normalität der Veränderungen im Laufe des Lebens und des Miteinanders abbilden.

Unterschiede in der Beziehung zu den Eltern

Viele Themen, die zwischen den Geschwistern entstehen, haben auch etwas mit der unterschiedlichen Behandlung durch die Eltern zu tun. Die folgende Ausführung ist etwas pointiert, macht aber wichtige Aspekte deutlich. Bei Eltern können beispielsweise die hohen Erwartungen an die Erstgeborenen dazu führen, dass sie ihre jüngeren Geschwister um deren Freiheiten beneiden.

Die Kultur, aus der wir kommen, mischt mit.

In vielen Kulturen ist die unterschiedliche Behandlung von Jungen und Mädchen tief verankert. Gerade Familien, die solche Traditionen fortführen, geben sie mit einer Selbstverständlichkeit an ihre Kinder weiter. So sind die Erwartungen an weibliche Kinder vielleicht von dem Wunsch geprägt, dass das Mädchen im Hause bleibt und zuständig für die Beziehungen in der Familie ist. So können bei Mädchen Förderungsschwerpunkte auf deren soziale Verhaltensweisen gelegt werden. Misserfolgen oder Schwierigkeiten in der Schule wird milder begegnet. So manchen Jungen hingegen können Disziplin und Strenge ereilen, obwohl er eigentlich seine Fähigkeiten woanders hat und die Erwartungen kaum erfüllen kann. Eine andere Besonderheit berichtet Herr Otto zu seinem beruflichen Werdegang.

Herr Otto ist der mittlere Sohn zwischen einer jüngeren und einer älteren Schwester. Seine Eltern äußerten öfter gegenüber den Kindern: »Egal, was aus euch wird, einer muss Anwalt werden.« Nun wurde in ihrer Kindheit und Jugend schnell deutlich, dass die jüngere Schwester sehr musisch begabt war.

Bald war klar, dass sie vermutlich niemals Anwältin würde. Die ältere Schwester entschied sich für den sozialen Bereich und wurde Krankenschwester. Viel später studierte sie noch Medizin, um Ärztin zu werden.
Herr Otto war während seiner Zeit am Gymnasium sehr verunsichert, wie sein Weg weitergehen würde. Er hatte kaum Ideen und begann – mehr aus der Unsicherheit heraus – mit seinem besten Freund zusammen ein Physikstudium. Schnell merkte er, dass dies nicht sein Weg war. Nach einigen Semestern, die er sich mehr oder weniger erfolgreich durch das Studium quälte, brach er es ab. Danach begann er ein Jurastudium und ging dort zielstrebig seinen Weg, obwohl er immer noch behauptete, dass ihm weder gefiele, Anwalt zu werden, noch dass er sich darin sehe. Ihm fiel jedoch auf, dass ihm das Studium lag und er nun nach dem Umweg auch endlich einen Abschluss haben wollte. Er war sogar recht erfolgreich und wurde später Richter. Auch heute macht er zwar seinen Job, hält ihn aber weiterhin nicht für seine Berufung. Viel später hat Herr Otto seine Eltern mal gefragt, woher dieser Wunsch nach einem Anwalt in der Familie gekommen sei. Dabei kam heraus, dass der Vater der Mutter in einem Gerichtsprozess zu Unrecht verurteilt worden war und so die mütterliche Familie viele Jahre unter dem Ansehensverlust zu leiden gehabt hatte.

Im Bann der Traditionen

Herr Otto ist kein Sonderfall. Erwartungen, Wünsche und Zuschreibungen der Eltern können von Traditionen, aber auch von deren eigenen prägenden Erfahrungen beeinflusst sein. Nun kann man sicherlich darüber diskutieren, ob Herr Otto nicht glücklich über das Ansehen und den Erfolg sein könnte. Schließlich hat der Wunsch der Eltern ihn in seiner Orientierungslosigkeit auf einen guten Weg gebracht. Dennoch arbeitet er in einem Beruf, der ihn nicht erfüllt. Er kam in die Therapie mit einer Depression, die durch innere Orientierungslosigkeit geprägt war. Erst der Zugang zu seinen Wünschen und Bedürfnissen hat eine ganze Kette an Veränderungen ausgelöst. So ist es ihm gelungen, eine Partnerin zu finden, die im kreativen Bereich – sowohl im Beruf als auch im Privaten – seine Sehnsüchte mit ihm leben kann. Es wurde aber auch deutlich, dass Herr Otto seine jüngste Schwester um deren Freiheit in der Kindheit beneidet hat und diese Gefühle auch heute den Kontakt prägen. Sie hatte die Freiheit, in aller Ruhe verschiedene Instrumente auszuprobieren. Der Spaß und viel Übung haben dazu geführt, dass sie eine erfolgreiche Musikerin ist und davon gut leben kann. Lassen Sie uns auf das schauen, was Sie erfahren haben.

Welche Erfahrungen haben Sie als ältestes / mittleres / jüngstes oder Einzelkind in Ihrer Familie gemacht?

. . . .

. . . .

Was wurde von Ihnen erwartet?

. . . .

. . . .

An welche Zuschreibungen, Spitznamen und Geschichten können Sie sich in dieser Rolle noch erinnern?

. . . .

. . . .

Welche Rollenerwartung hat sich daraus gebildet?

. . . .

. . . .

Worauf haben Ihre Eltern in Ihrer Erziehung besonders Wert gelegt?

. . . .

. . . .

Was haben Ihre Eltern von Ihnen gegenüber Ihren Geschwistern / anderen Kindern erwartet?

. . . .

. . . .

Worin sind Sie gefördert worden?

. . . .

. . . .

Welche kulturellen Erwartungen haben Ihre Erziehung geprägt?

. . . .

. . . .

Gab es Fehlgeburten, die einen Einfluss auf Ihr Leben hatten? Beispiel: hohe Erwartungen, die Sie nun erfüllen sollten.

. . . .

. . . .

Welche Geschwisterposition hätten Sie gerne gehabt? Weshalb gerade diese?

. . . .

. . . .

Gab es Themen aus dem Leben Ihrer Eltern, die Sie beeinflusst haben? Beispiele: erfolgreich und unabhängig sein, Arzt werden sollen.

. . . .

. . . .

Zwei kindliche Autopiloten im Konflikt

Vielleicht gelingt es Ihnen nach diesen Fragen, etwas milder und nachgiebiger mit sich zu sein. Geschwisterbeziehungen und familiäre Verbindungen prägen unseren »Autopiloten« für die Beziehungsgestaltung: das früh erlernte Beziehungsprogramm, das immer wieder (unbewusst) automatisch angewendet wird. Dieses Programm enthält Verhaltensweisen, Wünsche, Erfahrungen, Gedanken und Gefühle (vgl. Stahl 2015).

Ältere Geschwister haben meist nicht gelernt, um Hilfe zu bitten, denn sie mussten sich um ihre jüngeren Geschwister kümmern. Sie wurden um Hilfe gebeten, aber wie man Unterstützung fernab von den Ansagen der Ältesten einfordert, ist ihnen oft gar nicht bewusst. Es wäre doch schön, wenn die Erkenntnisse dieses Kapitels dazu führen, dass es Ihnen gelingt, etwas verzeihlicher und wohlwollender mit Ihren Geschwistern umzugehen. Meist erkennen wir den Autopiloten des anderen schneller als den eigenen. Hinter einer Formulierung wie »Der macht mal wieder eine Ansage« steckt auch das Programm »Großer Bruder«. Auch Sie als Kind Ihrer Familie haben Ihren eigenen Autopiloten, der Ihnen noch nicht mal bewusst ist.

Meine Eltern

Die Beziehung der Eltern hat Einfluss darauf, wie Kinder später mit Konflikten, Stress und Unsicherheiten im Alltag umgehen. Außerdem beeinflusst sie unser Verhalten in Beziehungen und die Art, wie wir Beziehungen aufbauen. Dazu gehören auch Unsicherheiten und all die Fragen an die Fähigkeiten der Eltern. Wenn wir erwachsen werden, werden uns ihre Stärken und Schwächen so präsent wie nie. Wir können ihr Verhalten besser beobachten, in einen Kontext setzen, uns damit und den dazugehörenden Hintergründen beschäftigen. Wir sind auf die Eltern meist nicht mehr so stark angewiesen wie damals, und so sind wir mutiger, auch auf Themen aufmerksam zu machen.

Abgrenzungsmöglichkeiten sind wichtig

In der Pubertät sind die Abgrenzungsversuche meist recht intensiv. Mit der weiteren Entwicklung und Lebensplanung beginnen wir, eigene Ideen zu entwickeln. Oft bildet der elterliche Hintergrund dabei die Ausgangsbasis. Es gelingt uns zunehmend, Verbindungen mit dem eigenen Verhalten und den persönlichen Wünschen zu erkennen. Dabei sind Eltern eine Vergleichsgrundlage für die eigene Entwicklung. So können sich Menschen vorstellen, auch Mutter und Vater zu werden, aber können sie auch gemeinsam Eltern sein, zumal sie aus unterschiedlichen Elternhäusern kommen?

Die Ängste und Themen der Ursprungsfamilie in sich tragen

Ein wichtiges Thema sind die bereits erwähnten transgenerationalen Effekte. Wir wissen, dass sich die Folgeerkrankungen nach Traumatisierungen auf die gesamte Familie auswirken können. So leiden nicht nur die Betroffenen am Trauma selbst, sondern auch die Menschen, die sie umgeben und ihnen nahestehen. Es gibt Hinweise, dass Menschen mit einem Trauma ein negativeres Erziehungsverhalten zeigen (Weusthoff 2018). Das kann mit den Depressionen zusammenhängen, die sich oft als Folge von Traumatisierungen einstellen. Es ist daher wichtig, sich Hilfe zu holen, wenn Sie den Verdacht haben, dass auch Sie traumatisiert wurden. Es gibt gute Behandlungsmöglichkeiten, um den Folgen entgegenzuwirken (siehe Anhang und Grabe 2018).

Transgenerationale Themen gibt es in jeder Familie. Sie wirken oft, ohne dass wir ein Bewusstsein darüber haben. Im vorangegangenen Abschnitt hat Herr Otto beschrieben, dass der Vater seiner Mutter und damit die gesamte Familie wegen eines falschen Urteils leiden musste. Der Ansehensverlust war hoch, und umso wichtiger war das Ansehen für die Familie. Nun gibt es drei angesehene Familienmitglieder: Herrn Otto als Richter, seine jüngste Schwester als berühmte Musikerin und seine älteste Schwester, die später noch das Medizinstudium erfolgreich absolviert hat. Schauen Sie auf die Antworten aus dem Abschnitt »Im Bann der Traditionen« (siehe S. 130 f.). Notieren Sie sich diese Themen und prüfen Sie, welche Gefühle oder Impulse sie auslösen.

Welche Familienthemen bringt die Familie Ihres Vaters mit?

Welche Familienthemen bringt Ihr Vater persönlich ein?

Welche Familienthemen kommen seitens der Familie Ihrer Mutter?

Benennen Sie Themen Ihrer Mutter.

Prüfen Sie alle Themen, indem Sie diese aussprechen und in sich hineinfühlen. Welche Themen berühren Sie in besonderer Weise? Lösen sie Gefühle oder Handlungsimpulse aus?

Eigene Ziele schaffen Ordnung und helfen, Antworten zu finden

Eigene Ziele vor Augen zu haben ist wichtig für die Weiterentwicklung. Die Ausgangsbasis ist die Auseinandersetzung mit der eigenen Kindheit. Hier lassen sich wichtige Antworten finden. Mit dem eigenen Ziel im Fokus entscheiden wir, wie viel Raum und Gewicht wir den einzelnen Antworten geben. Das eigene Ziel und der Wunsch, dennoch man selbst zu bleiben, strukturieren den (Lebens-)Weg. Wir alle waren selbst Kinder und haben Erfahrungen im Gepäck. Diese können einzeln nutzbar gemacht werden und eine gute Bedienungsanleitung beispielsweise für die künftige Elternschaft sein. Stellen Sie sich einen gut gepackten Rucksack auf einer Reise vor. Vermutlich werden Sie mehr eingepackt haben, als Sie benötigen. Das, was Sie auspacken, hängt vermutlich auch davon ab, was Sie aktuell auf Ihrer Reise brauchen. Natürlich wird ein Teil des Gepäcks auch aus geliebten Sachen aus der Vergangenheit bestehen. Dennoch werden Sie nicht alle diese Dinge nutzen (können).

Familienmythen und -geheimnisse

Um bei dem Bild des Rucksacks zu bleiben: Gelegentlich enthält er auch Teile, von denen wir nicht wissen, warum wir sie dabeihaben. Das können Dinge sein, die zur Gewohnheit geworden sind und früher samt Ermahnungen über das Ungewisse oder plötzliche Krankheiten immer dabei waren. Lesen Sie dazu ein Beispiel von Frau Selin.

Frau Selin ist mit ihrer Familie für vier Wochen nach Südtirol gereist. Das sei erst einmal ganz wunderbar gewesen, dass die Familie sich so viel Freiraum habe nehmen können. Doch es sei auch eine ziemliche Herausforderung gewesen, das Gepäck für eine Kleinfamilie für vier Wochen zusammenzustellen. Im Zuge dessen sei es zu einem Konflikt zwischen Frau Selin und ihrem Mann gekommen. Am Urlaubsort eingetroffen, sei ihm aufgefallen, dass sie eine Tasche voller Medikamente, Pflaster und anderer medizinischer Notfallutensilien für Verletzungen dabeihatte. Ihr Mann habe den vierjährigen Sohn dabei ertappt, als dieser angefangen hatte, die Tasche auszupacken und die vielen Tabletten aus der Packung zu drücken. Er konnte gerade noch verhindern, dass der Sohn welche davon in den Mund steckte.

Sie können sich vermutlich den Schreck und die Angst vorstellen, der Mann von Frau Selin war außer sich. Bisher hatte er diese Gepäckstücke geduldet, nun sei es aber damit vorbei. Frau Selin selbst war schockiert. Sie hatte die Tasche mit den Medikamenten nie hinterfragt, sondern aus ihrer Sicht wie immer alles dabeigehabt.

Gemeinsam überlegten wir, seit wann diese Gewohnheit zu ihrer Reisevorbereitung gehörte. Frau Selin erinnerte sich, dass ihre Eltern für die Reisen auch immer so eine Tasche dabeihatten, als sie noch ein Kind war. Den Grund dafür wusste sie nicht. Sie konnte glücklicherweise ihre Eltern fragen und erfuhr eine sehr dramatische, aber auch traurige Geschichte aus der Vergangenheit ihres Vaters. Dieser sei als Kind mit seinen Eltern samt vier Geschwistern verreist gewesen, als die kleinste Schwester mit drei Jahren schwer erkrankte und nirgends Hilfe zu bekommen war. Sie verstarb mit drei Jahren in diesem Urlaub. Seit diesem schrecklichen Erlebnis war es in der väterlichen Familie wichtig, immer genug Medikamente für alle Notfälle dabeizuhaben. Nur mit dieser Vorsichtsmaßnahme gelang es den Eltern überhaupt, mit den verbliebenen drei Kindern zu verreisen. Bevorstehende Reisen jeder Art führten immer wieder in die Erinnerung, die der Vater aber in seiner Familie nicht mehr mitteilte. Stattdessen erinnerte er seine Frau sehr vehement daran, ausreichend Medikamente und andere Materialien mitzunehmen. Die Auswahl an Medikamenten und Verbandsmaterialien vergrößerte sich im Laufe der vielen Jahre, und so wurde die Tasche immer größer. Frau Selin erinnerte sich an ihre eigene innere Unruhe, als sie selbst Mutter wurde und ihr Mann die erste Reise plante. Es war einfach klar, dass nun die Tasche mit den Medikamenten auch Arzneimittel für Kinder enthalten musste. Erst wenn sie gut gefüllt war, stellte sich Ruhe ein. Die Medikamente wurden jedoch fast nie gebraucht.

⋆⋆★★ In jeder Familie gibt es Familienmythen und -geheimnisse

Oft werden sie gar nicht bewusst verheimlicht. Wie in der Familie des Vaters von Frau Selin: Niemand glaubte, die Trauer und die Erinnerungen noch ansprechen zu müssen, denn alle wussten ja Bescheid. Frau Selins Vater wollte wiederum seine neue Familie nicht mit alten Geschichten belasten. Er sorgte für seine innere Ruhe, indem er das Verhalten seiner Eltern einfach fortführte. Lassen Sie uns nun den Geheimnissen und Mythen Ihrer Familie auf die Spur kommen.

Gibt es Geschichten von Familienmitgliedern, die sich ungewöhnlich verhalten haben? Schreiben Sie diese in Stichworten auf.

. . . .

. . . .

Gibt es typische Sätze, derer sich viele Menschen in Ihrer Familie bedienen?

. . . .

. . . .

Welche typischen Traditionen zu Festtagen und Feierlichkeiten gibt es in Ihrer Familie? Woher kommen sie?

. . . .

. . . .

Gibt es in Ihrem Alltag andere typische Verhaltensweisen wie die Medikamententasche aus dem Beispiel?

. . . .

. . . .

Gibt es ein besonderes Familiengericht, das klar aus der Küche eines anderen Landes kommt?

. . . .

. . . .

Gibt es Geschichten zu psychischen Besonderheiten einzelner Familienmitglieder?

. . . .

. . . .

Hatten frühere Familienmitglieder eine besondere gesellschaftliche Stellung und gibt es dazu noch überlieferte Geschichten?

. . . .

. . . .

Kennen Sie Spitznamen früherer Familienmitglieder und die Geschichte dazu?

. . . .

. . . .

. . . .

Gab es Erbschaftskonflikte mit plötzlich neu auftauchenden Personen?

. . . .

. . . .

Gibt es Krankheiten, die sich durch die Familie ziehen? Kennen Sie dazu Geschichten?

. . . .

. . . .

Gibt es besondere Erfolgserlebnisse in Ihrer Familie? Wenn ja, wie sind diese zustande gekommen?

. . . .

. . . .

Vermutlich haben Sie nicht auf alle Fragen eine Antwort, aber ein paar Anregungen können vermutlich ein bisschen Spürsinn aktivieren. Vielleicht ist es auch für andere Familienmitglieder ganz spannend, den Dingen auf die

Spur zu kommen. Ein Familienabend mit alten Geschichten kann durchaus unterhaltsam sein und neue Erkenntnisse bringen. Ganz Interessierte haben vielleicht mehr Lust auf Ahnenforschung. Dazu gibt es mittlerweile viele Möglichkeiten.

Erbschaftsglück?

Nicht nur materielle oder finanzielle Güter können vererbt werden. Auch Traditionen werden weitergereicht und sind Teil eines Familienerbes. Viele solcher Erbschaften werden gar nicht hinterfragt, denn sie scheinen so selbstverständlich. Was ist damit gemeint? Man kann auch Rollen und Erwartungen erben, z. B. nun als Familienoberhaupt vorzurücken, eine neue Rolle zu erfüllen. Genauso kann man Wünsche erben, auch wenn die Personen noch leben. So kann der Wunsch einer Mutter, als Frau »ein finanziell unabhängiges und autonomes Leben« führen zu wollen, auf die Tochter übertragen werden. Dieser Wunsch kombiniert mit dem vielleicht sichtbaren Leidensdruck in der Kindheit kann dazu führen, dass viel Wert auf diese scheinbaren Freiheiten gelegt wird, obwohl das vielleicht überhaupt nicht die eigenen Ziele und Pläne im Leben befriedigt.

Erbschaften sind also nicht immer angenehm. Über die bereits beschriebenen transgenerationalen Effekte werden auch Gefühlserbschaften weitergegeben. Diese begleiten von früh an und sind deshalb dem Bewusstsein gar nicht so einfach zugänglich. Sie können sich als Ängste, Traurigkeit, innere Blockade zeigen oder in psychischen Erkrankungen münden. Ein Erbe fortzuführen, kann vor dem Hintergrund der eigenen Wünsche und Ziele innere Konflikte auslösen und aufrechterhalten.

Manchmal sind Familienmitglieder auch froh, dass eine andere Person das Erbe übernimmt. Auch die Schwestern von Herrn Otto, dem Richter, haben den Druck gespürt, dass es einen Anwalt in der Familie braucht. Nun hat der Bruder diesen Erbwunsch erfüllt. So können die Schwestern freier ihre Wege gehen. Dank gibt es selten dafür. Stattdessen ist hier das Konfliktpotenzial bereits angelegt. Ein Dilemma kann entstehen, bei dem es hilfreich sein kann, die Erbschaften für sich zu bilanzieren.

Was haben Sie bisher geerbt? Ergänzen Sie folgende Punkte:

Finanzielle Werte: ....

....

....

Materielle Güter: ....

....

....

Traditionen: ....

....

....

Wünsche und Aufträge an Sie: ....

....

....

Emotionales Erbe: ....

....

....

Versorgungsaufträge anderer Personen: ....

....

....

Was werden Sie vermutlich noch erben? Ergänzen Sie dieselben Punkte:

Finanzielle Werte: ....

....

....

Materielle Güter: ....

....

....

Traditionen: . . . .

. . . .

. . . .

Wünsche und Aufträge an Sie: . . . .

. . . .

. . . .

Emotionales Erbe: . . . .

. . . .

. . . .

Versorgungsaufträge anderer Personen: . . . .

. . . .

. . . .

Hier ist noch Platz für Themen, die bisher nicht genannt wurden:

. . . .

. . . .

Wie passen Ihr Ziel und die Erbschaften zusammen? Notieren Sie Ihre Gedanken dazu.

. . . .

. . . .

Unterstützen Sie die Erbschaften bei Ihrem Ziel? Wunderbar, das ist doch eine gute Sache. Wenn Sie aber den Eindruck gewonnen haben, dass sie zu Belastungen, Konflikten und Stress führen, lohnt es sich nachzudenken, wie Sie damit umgehen wollen. Ein Erbe kann auch ausgeschlagen werden. So ist es für Sie möglich, Abstand von ungewollten Erbschaften zu nehmen. Im folgenden Abschnitt finden Sie dazu ein weiteres Beispiel. Dafür kann es hilfreich sein, die Geschichte der »Erblasser« zu würdigen. Genauso lohnt es sich, den Blick auf den Wertewandel in den verschiedenen Generationen zu berücksichtigen. Das hilft dabei, Erbschaften abzulehnen oder auch als verständliche Wünsche zurückzugeben, ohne sie zu erfüllen. Es lohnt sich zu unterscheiden, welcher Auftrag sich erfüllen lässt, welche Wünsche Sie nie erfüllen können und welche Wünsche – wenn sie erfüllt sind – auch Sie voranbringen. Prüfen Sie bitte genauso für sich, ob sich eine materielle und finanzielle Erbschaft gut für Sie anfühlt. Nicht jeder ist auch Immobilienverwalter oder Banker. Vielleicht brauchen Sie Unterstützung?

Wieso haben sich Ihre Eltern kennengelernt und sind zusammengeblieben?

In der Überschrift lesen Sie eine Frage, die viele Menschen erst einmal mit »Weiß ich nicht« beantworten. In manchen Familien aber wird gern über das magische Zusammentreffen der Eltern gesprochen. Den Wunsch nach »Magie im ersten Augenblick« kennt vermutlich jeder von uns. Überraschend kann es sein, wenn sich die Magie erst im Verlauf der Liebe einstellt und die Eltern in ihrer Beziehung gemeinsam reifen. Andere Antworten auf die Frage nach dem Zusammentreffen der Eltern klingen eher pragmatisch, wie »Wir haben im selben Dorf gelebt« oder »Meine Mutter war die Sekretärin meines Vaters«. Falls Sie die Geschichte der Begegnung Ihrer Eltern noch nicht kennen, fragen Sie nach. Mitunter kommt es dabei zum Austausch von liebevollen Details, an die Ihre Eltern selbst nicht mehr gedacht haben. Weshalb Eltern zusammengeblieben sind, ist eine Frage, auf die es sehr häufig Antworten gibt wie die von Frau Eila. Sie empfing ein Erbe, das sie sehr belastet und für das sie keineswegs verantwortlich ist.

Frau Eila antwortet in einem Gespräch auf die Frage, ohne dass sie gestellt wurde: »Meine Mutter hat mir schon immer gesagt, ›Wenn du nicht gewesen wärst, wären dein Vater und ich nicht mehr zusammen‹.« Eine Alternative dieses Satzes war die Aussage der Mutter und des Vaters: »Du bist schuld, dass wir zusammen sind.« Frau Eila konnte für sich sehr wohl sagen, dass die Eltern aus ihrer Sicht besser getrennte Wege gehen sollten. Nur spürte sie die Verantwortung, und zwar doppelt, denn die Mutter hatte nach ihrer Geburt eine Depression gehabt. Auch dafür fühlte sich Frau Eila verantwortlich.

In den Folgejahren hatte ihre Mutter immer wieder depressive Einbrüche. Erst nach der Trennung hörten sie auf. Frau Eila fühlt sich jedoch weiterhin verantwortlich für das Wohl ihrer nun getrennt lebenden Eltern.

Mit ein bisschen Abstand spürt man sofort ein wenig Ärger über die Eltern und diese Aussagen. Das ist ein Auftrag, für den Frau Eila nicht verantwortlich ist und den sie niemals erfüllen kann. Stattdessen führt er zu ewig quälenden Schuldgefühlen. Dass Frau Eila entstanden ist, dafür trägt sie nun wirklich keine Verantwortung. Erst recht nicht dafür, dass ihre Mutter eine Depression bekommen hat. Diese hat vermutlich verhindert, dass der Vater gegangen ist. Sein Verantwortungsgefühl hat ihn gehalten, obwohl ihm klar war, dass diese Frau nicht seine Lebenspartnerin werden würde. In den weiteren Jahren hatte Frau Eilas Mutter immer wieder Depressionen, und es liegt die Überlegung nahe, ob die unbefriedigende Beziehung einen aufrechterhaltenden Charakter hatte. Gleichzeitig erfüllte die Depression auch eine Funktion: Die Mutter wurde durch den Ehemann versorgt. In der Depression war eine angemessene Versorgung des Kindes als alleinerziehende Mutter nicht vorstellbar bzw. möglich. Wichtig ist, dass das Wohl der Eltern allein in deren Verantwortung liegt. Ein Kind kann dies nicht erfüllen. Lesen Sie dazu auch in den Abschnitten »Vertauschte Rollen« und »Ungewollter Partnerersatz« (siehe S. 149 f. und S. 150 ff.) nach.

Kennen Sie solche Sätze wie im Fall von Frau Eila? Spüren auch Sie solche Aufträge Ihrer Eltern? Sie können Teil Ihres Kindheitserbes sein. Machen Sie sich diese bewusst, denn nur so können Sie sich entscheiden, ob Sie wirklich verantwortlich sind. Wollen Sie diesen Auftrag erfüllen? Machen Sie sich nun Notizen zu den Fragen aus der Überschrift.

Wie und warum haben Ihre Eltern sich kennengelernt?

Weshalb sind sie noch zusammen?

Was machen Ihre Eltern im Umgang miteinander gut?

Wie fühlen Sie sich, wenn Sie an die Paarbeziehung Ihrer Eltern denken?

Die Beziehung unserer Eltern prägt unser eigenes Beziehungsverhalten. Haben sie beispielsweise eine traditionelle Rollenverteilung bei der häuslichen Arbeit gezeigt, übernehmen die Töchter bereitwilliger Haushaltsaufgaben. Das bestätigt auch eine Forschungsarbeit von Croft u.a. (2014): Laut dieser Studie übernehmen Mädchen mehr solche Rollenerwartungen als Jungen. Dies ist eine britische Forschungsarbeit, deshalb heißt es auch, achtsam mit den möglichen kulturellen Einflüssen zu sein. Vielleicht ist es in England anders als in Deutschland?

Der Beziehungsrucksack

Heutzutage ist es sehr selten, dass die erste Beziehung auch die einzige bleibt. Typischerweise haben Menschen mehrere Beziehungserfahrungen, ehe sie eine langjährige Beziehung eingehen. Zu einer Partnerschaft gehören immer zwei Menschen. Beide haben ihre Biografie und damit ihr eigenes Gepäck im Rucksack. Vor diesem Hintergrund lassen sich Beziehungen gestalten.

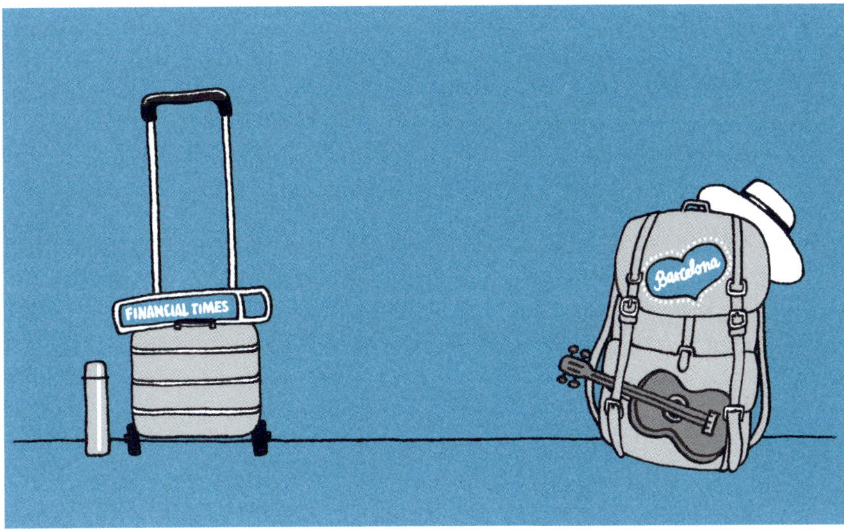

Herr Wolf benutzte nach einer Trennungssituation dieses Bild, um sich die Probleme und Themen in seiner neuen Beziehung bewusst zu machen. Sich nach 33 Jahren aus einer langen Ehe zu trennen, hatte für ihn gute Gründe. Dennoch startete die neue Beziehung trotz aller Anziehungskraft füreinander keineswegs einfach. Er erkannte, dass sein Beziehungsrucksack durch die lange Ehe samt ihrer Besonderheiten ziemlich gefüllt war. Dasselbe konnte er seiner neuen Partnerin zugestehen. Diese hatte genauso eine langjährige Beziehungserfahrung. Beide versuchten nun, die Beziehung mit ihrem Rüstzeug zu gestalten, und oft kam es zu Reibereien.

Ein Rucksack voller Beziehungsstrategien und -erfahrungen klingt doch erst einmal ganz gut. Das war der erste Impuls von Herrn Wolf. Erst mit der Erkenntnis, dass auch die neue Partnerin so einen Rucksack bei sich hatte, wurde deutlich, dass hier zu viel Gepäck und Belastung die neue Beziehung prägten. Keiner fühlte sich frei und unbefangen, was zum Teil auch angemessen sein kann, denn beide Partner hatten noch gemeinsame Verantwortungen mit den früheren Partnern. Da gab es gemeinsame Kinder, Immobilien, Möbel etc. Nun galt es, die Rucksäcke zu erleichtern. Gemeinsam trennten wir frühere Beziehungserfahrungen von Beziehungsstrategien, gemeinsamen Werten und

Regeln. Es war ein bisschen so, als würde man den Kleiderschrank aussortieren und sich von Kleidungsstücken trennen. Es wurde besser, aber immer wieder gab es Konflikte. Wir schauten wieder gemeinsam in den Rucksack, und am Boden gab es noch viel Gepäck: Ideen, Werte und Besonderheiten, die Herr Wolf von seinen Eltern übernommen hatte und für nützlich erachtete. Diese wollte er anfangs gar nicht auspacken, weil das ja sein Rüstzeug für die vorherige Beziehung gewesen war. 33 Jahre hatte er größtenteils glücklich damit bestritten und neue Strategien sowie Erfahrungen obenauf gelegt. Lassen Sie uns nun auf Ihren Beziehungsboden schauen. Betrachten Sie auch Beziehungen, die keinen Bestand hatten oder haben.

Welche Beziehungsidee haben Ihre Eltern gelebt?

Welche Partnerschaftsregeln hatten Ihre Eltern?

Gibt es Wünsche, die Sie aus der Beziehung Ihrer Eltern übernommen haben?

Welche Verhaltensweisen Ihrer Eltern haben Sie in Beziehungen übernommen?

Welche Beziehungswerte haben Sie übernommen?

Welche Werte und Ideen passen zu Ihren aktuellen Bedürfnissen?

Was macht Druck und ist Ballast?

. . . .

. . . .

Wozu möchten Sie Abstand gewinnen?

. . . .

. . . .

Gibt es Widersprüche in den Familienregeln, Werten oder Ideen?

. . . .

. . . .

Was haben Ihre Eltern nicht gelebt?

. . . .

. . . .

Was davon ist Ihnen in Ihrer Beziehung wichtig?

. . . .

. . . .

Es lohnt sich, sein Beziehungsgepäck zu betrachten, gerade das, was den Boden bedeckt und – für sich allein genommen – dem Rucksack nur den Boden füllt. Das kann Platz für Neues wegnehmen. Wenn Sie sich das Ganze bildhaft und symbolisch vorstellen mögen, wird es noch mal deutlicher. Gemeinsam mit Herrn Wolf haben wir Symbole gesucht. Die alltägliche und zärtliche Romantik seiner Eltern wollte er gern auch in der neuen Beziehung fortführen. Ein Symbol dafür war der Kerzenleuchter. Die Sparsamkeit seiner Eltern ließ sich gut durch ein Sparschwein darstellen. So sammelte er Symbole und stellte fest, dass es zwar nur fünf Symbole gab, diese aber ganz schön sperrig waren. Es gab nur sehr wenig Platz für Neues und Gemeinsames in der neuen Beziehung, und wenn doch, mussten sich die Dinge zwischen die sperrigen Teile stopfen lassen. Vielleicht haben Sie Lust, Ihr Gepäck auch noch mal symbolisch zu verdeutlichen? Finden Sie Symbole für die wichtigsten fünf Beziehungsaspekte, die Sie von Ihren Eltern übernommen haben.

1. Der Beziehungsaspekt ...., der für mich noch gilt, kann durch folgendes Symbol dargestellt werden:

....

2. Der Beziehungsaspekt ...., der für mich noch gilt, kann durch folgendes Symbol dargestellt werden:

....

3. Der Beziehungsaspekt ...., der für mich noch gilt, kann durch folgendes Symbol dargestellt werden:

....

4. Der Beziehungsaspekt ...., der für mich noch gilt, kann durch folgendes Symbol dargestellt werden:

....

5. Der Beziehungsaspekt ...., der für mich noch gilt, kann durch folgendes Symbol dargestellt werden:

....

Stellen Sie sich die Symbole bildhaft in Gedanken vor.
Wie fühlen Sie sich damit?

....

....

Sind alle Symbole wirklich gleich wichtig?

....

....

Sortieren Sie drei Symbole aus und stellen Sie diese nicht sichtbar weg. Wie geht es Ihnen damit?

....

....

Falls es Ihnen schwerfällt, Symbole auszusortieren, hilft vielleicht der Gedanke, dass Ihr Partner ja auch welche mitbringt. Wenn sich diese ähneln, ist es umso leichter, auszusortieren. Sie müssen ja nichts wegwerfen, es sind Erfahrungen und Dinge, die Sie geprägt haben. Die bleiben Ihnen immer erhalten, wenn Sie wirklich Wert darauf legen.

Wandlungen und Veränderungen der Beziehung zu den Eltern im Laufe der Kindheit und Jugend

So wie sich über die Generationen Dinge wandeln können, tun sie das auch in der eigenen Generation oder Kindheit. Es gibt einen natürlichen Verlauf. Früher, als Familien näher beieinander lebten, war dieser einfacher zu beobachten: Eltern kümmerten sich um Kinder, versorgten sie und zogen sie groß. Eltern werden aber auch älter, und irgendwann brauchen auch die besten Eltern der Welt Unterstützung. So kümmern sich die Kinder um die Unterstützung der Eltern. Das ist in Zeiten, in denen Familien weit auseinander leben, oft deutlich schwieriger geworden. Eltern werden älter als früher, haben manchmal auch andere Einschränkungen, wie Demenzen und starke körperliche Beeinträchtigungen. Es ist für erwachsene Kinder bisweilen kaum schaffbar, ihre Eltern unter diesen Umständen allein zu versorgen. Versorgen kann aber auch bedeuten, dass man Unterstützung holt, wenn die Versorgung nicht gewährleistet werden kann.

Vertauschte Rollen

Manchmal müssen Kinder die Aufgabe der Eltern übernehmen. So kommt es zu einem Rollentausch, der große Auswirkungen auf das gesamte Familiensystem und die Entwicklung einzelner Personen hat. Oft sind es beispielsweise die größeren Kinder, die angehalten werden, sich auch um die kleineren Geschwister zu kümmern. Dabei lernen sie, sich um Schwächere zu sorgen. Wenn dann die Eltern wegen Krankheiten oder Überforderungen ihre Rollen nicht mehr wahrnehmen können, passiert es oft ganz automatisch, dass diese Kinder sich auch um sie kümmern.

Neulich berichtete aber auch Frau Anton, das jüngste Kind in ihrer Familie, in die Rolle der Mediatorin geraten zu sein. Seit sie selbst denken kann, engagiert sie sich und wird auch als Erwachsene noch angehalten, Streits und Konflikte im Familienbund zu moderieren oder gar zu schlichten. Frau Anton sagt von sich, dass sie Harmonie brauche. Sie könne es nicht aushalten, wenn Konflikte schwelen und Familienmitglieder nicht miteinander reden. Sie selbst spüre dann innere Anspannung, mit der sie kaum umgehen könne. Lieber spreche sie mit den Beteiligten und bringe alles wieder ins Lot. Das sei schon immer so gewesen.

Natürlich sind die Dinge nicht »schon immer so« gewesen. Sie fühlen sich oft nur so an, wenn man etwas sehr lange und oft getan hat. Das sind dann Fähigkeiten und Strategien, die so stark verinnerlicht sind, dass sie fast automatisch ablaufen, und die die Personen dann auch richtig gut können. Das ist logisch, wenn man ein bestimmtes Verhalten immer wieder übt. Was Frau Anton aber fehlt, ist das berühmte dicke Fell, die Frustrationstoleranz oder die Erfahrung, dass andere Familienmitglieder durchaus in der Lage sind, ihre Konflikte allein zu klären.

Ungewollter Partnerersatz

Wenn ein Elternteil ausfällt oder die Familie verlässt, kommt es vor, dass Kinder unbewusst die Rolle des Partners einnehmen. Sie werden zu den Vertrauten der Erwachsenen und versuchen so, den Verlust für das übrig bleibende Elternteil auszugleichen. Natürlich spielen dabei auch Loyalitäten eine große Rolle. Kinder fühlen sich zumeist zu dem schwächeren Elternteil hingezogen und versuchen, es zu unterstützen. Das kann durch Verhaltensweisen geschehen, wie am Wochenende zu kochen und aufzuräumen, wenn erkennbar wird, dass die überforderte Mutter das nicht mehr schaffen kann. Oder es sind die Momente des Tröstens und Hinhörens, das Teilen der Sorgen der Erwachsenen. Doch das ist nicht die Aufgabe eines Kindes, und oft fällt niemandem auf, dass sich in dieser Situation die Rollen verkehren. Dabei geht es nicht um die normalen und wachsenden Anforderungen in der kindlichen Entwicklung, sondern um die Überforderungen, die entstehen, wenn Kinder früh erwachsen sein müssen. Natürlich brauchen Kinder

Anforderungen und Herausforderungen. Wenn aber schon die Erwachsenen diese Aufgaben nicht mehr schaffen, spüren die Kinder das. Selbst in der Trotzphase sind Kinder motiviert, mitzumachen und kooperativ zu sein. Diese Grundhaltung ermöglicht es überhaupt, dass Grenzen verwischen und überschritten werden. Oft werden sie dann für ihre Selbstständigkeit oder ihr »Schon-so-groß-Sein« gelobt. So wie jeder Mensch brauchen auch Kinder Lob, und so tun sie Dinge häufiger, für die sie gelobt werden. Dabei werden sie oft geprägt fürs Leben. Ihnen fehlen wichtige Erfahrungen und der Ausgleich, die Leichtigkeit. Typischerweise entwickeln sie im Erwachsenenalter oft innere Unruhe oder Schuldgefühle, wenn sie so ein trainiertes Verhalten mal aus Vernunftsgründen unterlassen (Lammers 2016).

Ganz tief im Inneren fürchtet das Kind von damals nämlich noch, dass etwas Schlimmes passieren wird, z. B. die Familie auseinanderbricht oder die Mutter völlig ausfällt. Es sind dann die kindlichen Ängste, die diese Unruhe erzeugen, und der Erwachsene weiß aus seiner Erfahrung, etwas gut zu können, hat es aber nicht getan. Das ist die Quelle für Schuld und schlechtes Gewissen, denn wenn man es sogar als Kind schon leisten konnte, dann ist es doch für den Erwachsenen ganz einfach, »mal eben« noch diesen kleinen Streit zu schlichten oder dem erwachsenen Bruder mal wieder auf die Sprünge zu helfen.

Gab es Veränderungen und Einflüsse in Ihrer Kindheit, die dafür gesorgt haben, dass Sie (ein wenig) erwachsener sein mussten?

Welche Aufgaben haben Sie zusätzlich übernommen?

Wer hat diese Aufgaben bisher erfüllt?

Was haben Sie stattdessen weniger gemacht / unterlassen?

. . . .

. . . .

Wissen Sie noch, wie Sie sich dabei als Kind gefühlt haben?

. . . .

. . . .

Wie bestimmen diese Verhaltensweisen heute Ihr Leben?

. . . .

. . . .

Wie geht es Ihnen damit, wenn Sie sich bewusst anders verhalten?

. . . .

. . . .

Die Übernahme einer Elternrolle nennen wir »Parentifizierung eines Kindes«. Oft fühlt sich ein Kind dadurch innerlich ein wenig aufgewertet, weil man ihm schon solch ein Verhalten zutraut. In der Realität können Kinder aber die Aufgaben von Erwachsenen nicht ohne Folge auf ihre eigene Entwicklung übernehmen. So spüren diese Kinder oft nicht ihre Grenzen oder dass sie überfordert sind. Im Hintergrund lauert dann die kindliche Angst, dass eventuell alles und auch der letzte Teil vom Familienleben noch zusammenbricht.

Die Rolle des Partnerersatzes zu übernehmen hat auch Auswirkungen: Die entgegengebrachte versteckte Anerkennung, »offensichtlich schon groß zu sein«, kann mit dem Verlust von Kindheit und Spiel einhergehen. Kinder brauchen es jedoch, zu spielen, Spaß zu haben, sich zu bewegen, Kind sein zu dürfen, ungeachtet vieler Folgen. Unbeschwertheit, kindliches Vergnügen und Neugierde sind gute Voraussetzungen, um die Welt und andere Menschen zu entdecken.

In jeder Beziehung gibt es Rollen. Rollen einzunehmen und auszufüllen, vereinfacht das Miteinander. Ein gemeinsames Verständnis darüber, wer welche Rolle übernehmen könnte, ist bereits durch kulturelle und gesellschaftliche Werte und Normen geprägt. Fast wie selbstverständlich versorgt eine Frau als Mutter das Baby im ersten Jahr. In den folgenden Jahren liegt in den meisten Familien auch bei der Mutter die Hauptaufgabe der Kinderbetreuung. Es gibt Ausnahmen, die sich manchmal aus Notwendigkeiten ergeben, z. B. wenn der Vater beispielsweise leichter seine beruflichen Rahmenbedingungen gestalten kann. Manchmal besteht auch eine Erkrankung, die die Teilhabe am Arbeitsleben zwar verhindert, aber eine Kinderversorgung durchaus möglich macht. Interessanterweise sind Veränderungen von Lebenssituationen, z. B. wenn ein Kind geboren oder die Pflege eines Familienangehörigen notwendig wird, zeitgleich auch Anstöße, die eigene Rolle zu überdenken. Nun geht es im Leben auch um andere Rollen, die wir einnehmen, und niemand hat nur eine Rolle. So haben wir in den unterschiedlichen Lebensbereichen oft auch andere. Sie kennen vielleicht den Satz »Im Job ist er der Chef und zu Hause hat er nur die Pantoffeln an«. Wenn Sie über Ihre Rollen nachdenken mögen, schauen Sie in die unterschiedlichen Lebensbereiche: Familie, Freunde, Beruf, Beziehung. Hilfreich ist es, dafür Beschreibungen und Formulierungen im Alltag zu finden.

★★★★ **Beziehungsverhalten und Rollen(-Erwartungen) bedingen einander.**

Deshalb ist es spannend, mal zu schauen, welche Zusammenhänge Sie entdecken können. Im Abschnitt »Vertauschte Rollen« (siehe S. 149 f.) haben Sie das Beispiel von Frau Anton gelesen. Sie ist zur Mediatorin der Familie geworden, alle melden sich bei ihr, wenn es im Familiengebälk knirscht. Frau Anton ist für die Familie Feuerwehr und Brandschutzbeauftragte in einer Person (siehe S. 18). Die Familie ist sehr groß, ständig gibt es etwas für sie zu tun. Nun hat Frau Anton eine neue Beziehung, worüber sich nach vielen Singlejahren alle sehr mit ihr freuen. Und doch gibt es neben all der Freude immer wieder Störfaktoren für die Beziehung. Der Partner war anfangs sehr glücklich, eine so diplomatische und engagierte Partnerin gefunden zu haben. Allerdings ist sie ständig im Einsatz für ihre Familie und er als neuer Partner immer wieder genauso gefordert. Das ist nicht immer einfach für ihn, und manchmal ist ihm dies anzusehen. Was dann sofort passiert: Er wird ganz kritisch von einigen Familienmitgliedern hinterfragt, ob er überhaupt der »Richtige« für Frau Anton sei, und schon stellen sich neben dem Glück Unsicherheiten und Zweifel ein. Diese wiederum kann Frau Anton gar nicht gut aushalten, ist doch ihr Job der der Mediatorin. Nur, in eigener Sache kann man meist gar nicht so gut agieren. Die Unsicherheiten und den Ärger darüber, die Familie nicht in die gewohnte Harmonie bringen zu können, trägt Frau Anton wiederum in die Beziehung. Ihr Partner wünscht sich die Frau, die er kennengelernt hat, zurück und kann sie kaum wiederfinden. Nur wenn die beiden allein sind, ist Frau Anton ganz die Person, zu der er sich hingezogen fühlt. Weiteren Schritten in der Partnerschaft, dem Kinderwunsch oder dem gemeinsamen Wohnen begegnet Frau Antons Partner mit Angst und Unsicherheit. Das ist gut zu verstehen. Selbstverständlich erwarten auch die Geschwister später, dass sich Frau Anton als Ärztin um die älter werdenden Eltern kümmert. Sie sehen, das Familiensystem ist recht verwoben und die Rollen sind verteilt.

Im Abschnitt »Meine Geschwister« (siehe S. 114 ff.) haben Sie bereits Fragen zu Ihrer Rolle im Zusammenhang mit der Geschwisterkonstellation beantwortet. Sie können sich die Notizen noch mal anschauen.

Welche Rolle hatten Sie für Ihre Geschwister?

Welche Rolle hatten Sie in Ihrer Familie in der Kindheit?

Welche Rolle haben Sie als erwachsene Person in der Familie?

Was wird von Ihnen erwartet?

. . . .

. . . .

Welche Rolle haben Sie in der Partnerschaft bzw. hatten Sie in bisherigen Partnerschaften?

. . . .

. . . .

Wie haben sich die Erwartungen Ihrer Familie auf Ihre Beziehung und Ihr Verhalten ausgewirkt?

. . . .

. . . .

Grenzen haben einen wichtigen Einfluss auf das eigene Verhalten. Wenn wir sie als sinnvoll und nützlich wahrnehmen, sind wir bereitwilliger, sie weiter aufrechtzuerhalten. Wenn Sie sich aber aus Verbindungen und Verstrickungen lösen wollen, so wie beispielsweise Frau Anton, dann braucht es den Mut, Grenzen zu hinterfragen oder durch das Überschreiten zur Diskussion zu stellen. Frau Anton hat erst einmal ihre eigenen Grenzen gespürt, nämlich die Erschöpfung und den Ärger, obwohl sie doch gerne Harmonie pflegt. Der Körper gibt uns oft gute Signale, zumindest für die eigenen Grenzen. Bauchschmerzen, unerklärliche Stimmungseinbrüche oder Ärger, der nicht abklingen will, können die eigenen Grenzen markieren und sind eine Sollbruchstelle von Frau Anton. Grenzen machen uns aufmerksam und wachsam. Sie zeigen uns auch, dass etwas fehlt, wir noch etwas brauchen. Wenn wir erwachsen sind, liegt es an uns, uns zu kümmern und uns auf den Weg zu machen.

Wandlungen und Veränderungen im Laufe der eigenen Entwicklung

Flexibilität ist eine der großen Eigenschaften, die im heutigen Leben gewünscht werden. Es gibt viele Phasen im Leben, in denen wir (noch) flexibel sind oder die von uns Flexibilität fordern. Unsere gesamte Lebensentwicklung zeugt von Prozessen der Anpassung und Flexibilität. Als Kinder sind wir gern flexibel und kooperativ. Später können wir abwägen, ob die Veränderungen auch in unserem Sinne sind. Die Pubertät geht mit teilweise intensiven Abgrenzungsprozessen einher. In jungen Erwachsenenjahren versuchen wir den eigenen Weg, um uns später wieder an die ursprünglichen Werte anzunähern.

Das Heranwachsen eines Kindes ist von vielen biologisch und evolutionär geprägten Prozessen begleitet. So verändern sich der emotionale und der motivationale Entwicklungsstand in Entwicklungsphasen. Kinder sind unterschiedlich empfänglich und vulnerabel, also verletzlich und sensibel. Sie brauchen Schutz und einen sicheren Raum, den Erwachsene ermöglichen sollten. So können sie sich entwickeln, kreativ und flexibel bleiben sowie die Welt für sich entdecken.

Entwicklungsphasen

Für die Beschreibung der verschiedenen Entwicklungsphasen eines Menschen haben sich die folgenden Begriffe bewährt: Nach der Geburt sprechen wir von einem Neugeborenen. An diese Phase schließt sich das Säuglingsalter bis zum ersten Lebensjahr an. Im zweiten und dritten Lebensjahr liegt das Kleinkindalter, worauf die frühe Kindheit bis zum sechsten Lebensjahr folgt. Der mittleren Kindheit (siebtes bis zehntes Lebensjahr) folgt die späte Kindheit bis zum Beginn der Adoleszenz. Die frühe, mittlere und späte Kindheit werden oft als Kindheit zusammengefasst.

Erik Erikson (1966) beschrieb psychosoziale Phasen, in denen unterschiedliche Entwicklungsthemen im Mittelpunkt stehen. Diese Phasen fördern die Persönlichkeitsentwicklung. Bleiben wichtige Themen unbearbeitet oder gibt es Störungen in dieser Lebensphase, kann die Entwicklung (teilweise) stillstehen.

****** Die erfolgreiche Bewältigung der Themen ermöglicht den Übergang in die nächste Phase.**

Folgt man den Überlegungen Eriksons, sind für die Kindheit und Jugend folgende Entwicklungsthemen besonders bedeutend: Im Säuglingsalter geht es primär um Vertrauen vs. Misstrauen. Dies liegt daran, dass das Kind einerseits durch die Interaktion mit der Fürsorgeperson (z. B. im Rahmen des Stillens oder Wickelns) Vertrauen aufbaut und andererseits durch kurze

Phasen des Alleinseins und die Erfahrung, dass nicht jeder Wunsch sofort erfüllt wird, Misstrauen aufbaut. In der nächsten Phase, im zweiten und dritten Lebensjahr, stehen Autonomie vs. Selbstzweifel / Scham im Mittelpunkt der Persönlichkeitsentwicklung. Durch die ersten Schritte und Worte gewinnt das Kind an Autonomie und Selbstvertrauen – es kann nun Dinge zunehmend selbst beeinflussen (z. B. durch Sprache oder Fortbewegung). Durch die Reinlichkeitserziehung wird jedoch auch Scham ausgelöst. Vom dritten bis zum sechsten Lebensjahr entwickelt das Kind zunehmend Vertrauen zu sich selbst und anderen. Es kann die Welt erkunden und Dinge allein erforschen. Zentrale Themen dieser Phase sind Initiative und Schuldgefühle. Mit dem Schulalter und bis zur Pubertät geht es primär um Kompetenz vs. Minderwertigkeitserleben. Es gilt, viel zu lernen, sich auszuprobieren und sich darüber selbst zu erfahren. Selbstwirksamkeitserleben mit Erfolgserlebnissen, aber auch der Umgang mit Misserfolgen sind wichtige Erfahrungen. Ab dem dreizehnten bis hin zum zwanzigsten Lebensjahr sind Identität vs. Identitätsverwirrung essenzielle Entwicklungsthemen. Die körperlichen Veränderungen und eigene Ideen über sich, die Eltern und die Umwelt sind vorrangig. Positive Erfahrungen und die vorangegangenen erfolgreich bewältigten Lebensphasen ermöglichen schließlich die Identitätsbildung.

Im Folgenden finden Sie Fragen zu den unterschiedlichen Lebensphasen, die Sie für sich beantworten können. Die oben behandelten Entwicklungsphasen können Ihnen Orientierung bieten. Das gilt natürlich auch, wenn die Überschriften bestimmten Lebensthemen zugeordnet sind.

Welche Besonderheiten aus Ihrer Säuglingszeit, frühen und folgenden Kindheit sind Ihnen bekannt? Dazu gehören z. B. Geburtskomplikationen, Krankenhausaufenthalte, schwere Erkrankungen und jüngere Geschwister.

. . . .

. . . .

Ihr Alter, in dem Sie in … kamen:

die Krippe: . . . .

den Kindergarten: . . . .

die Schule: . . . .

die weiterführende Schule: . . . .

Gab es bei den Wechseln Besonderheiten (z.B. sich von den Eltern nicht lösen können)?

. . . .

. . . .

Worin lagen Ihre Stärken und Schwächen als Kind?

. . . .

. . . .

Gab es Auffälligkeiten im Verhalten? Beispiele: nächtliches Aufschrecken, Bettnässen, Schlafwandeln, Stottern, Daumenlutschen.

. . . .

. . . .

Wie war insgesamt Ihre Gesundheit in Kindheit und Jugend?

. . . .

. . . .

Welche Spitznamen hatten Sie?

. . . .

. . . .

Gab es Ausgrenzungserlebnisse in Ihrer Kindheit oder Jugend?

. . . .

. . . .

Beschreiben Sie kurz Ihre Freundschaften und wie lang diese waren.

. . . .

. . . .

. . . .

Was haben Sie gern gespielt?

. . . .

. . . .

Welche Interessen und Hobbys hatten Sie in Ihrer Kindheit und Jugend?

. . . .

. . . .

Welche Ihrer damaligen Hobbys und Interessen verfolgen Sie noch heute?

. . . .

. . . .

Langsam haben Sie bei all den Fragen und Übungen, die Sie schon bearbeitet haben, einen ziemlich guten Überblick über sich und Ihr Leben gewonnen. Ihr Lebensbuch liegt in Ihrer Hand bzw. vor Ihnen. Gerne können Sie für dieses Buch auch einen Umschlag selbst gestalten, nach Ihren Vorstellungen. So ist nicht nur sein Inhalt ganz individuell, sondern auch sein Äußeres.

Brauchen Sie Hilfe?

Die Kindheit aufzuarbeiten kann notwendig sein. Wir Therapeutinnen und Therapeuten unterscheiden zwischen biografisch gelebten Daten, erzählten Informationen und den erlebten Erfahrungen einer Lebensgeschichte. Natürlich kann der Austausch mit Freunden und Bekannten in jedem Bereich auch neue Erkenntnisse bringen.

★★★★ **Kinder können sich nur schwer von äußeren Erfahrungen abgrenzen.**

Das ist wichtig zu wissen, denn zeitgleich glauben sie, dass sie oft selbst schuld sind für das, was (ihnen) passiert. Deshalb kann eine Erkenntnis aus Ihrer Beschäftigung mit der Kindheit sein, dass Sie professionelle Unterstützung brauchen, um kindliche Schuldgefühle abzubauen. Ja, und auch Ängste, Sorgen, Grübeln und Einsamkeitsgefühle, die Sie sonst ohne große Veränderung in der Intensität und Ausprägung quälen, dürfen ein Anlass sein, sich auszutauschen. Keine Sorge, das muss keineswegs einen Klinikaufenthalt bedeuten. Ambulante Therapien und Selbsthilfegruppen bieten viele

Möglichkeiten. Seien Sie mutig und nutzen Sie Hilfen und Unterstützungsangebote. Stehen Sie zu sich selbst und vor allem, beschreiten Sie neue Wege. Das Allerwichtigste dabei ist:

**** **Erlauben Sie sich, Fehler zu machen.**

Neben der Reflexion der eigenen Erfahrungen schlagen wir in diesem Kapitel den Bogen ins Hier und Jetzt. Außerdem sollen die Auswirkungen auf das eigene Rollenverhalten im Umgang mit anderen Menschen verdeutlicht werden. An dieser Stelle noch mal die Erinnerung: In diesem Buch gibt es keine fertigen Lösungen. Stattdessen bietet es Anregungen, auf eine neue Art selbst eigene Lösungen zu entdecken.

Die Probleme der anderen hätte ich gern

Bisher haben Sie verschiedene wichtige Aspekte Ihrer Biografie beleuchtet. Sie ahnen vermutlich, dass diese Auseinandersetzung bis zum Lebensende nicht aufhören wird, und das ist gut so. Das Leben verändert sich, Sie verändern sich und neue Lebensabschnitte geben Ihnen immer wieder eine Chance, sich zu verändern. Alle haben ihr Päckchen zu tragen, und egal wie Ihres aussieht, auch die anderen haben Vor- und Nachteile.

Die vielen bisherigen Beispiele haben Ihnen dazu bereits ein paar Ausblicke geliefert. Meistens sprechen Menschen nicht über ihre eigenen Päckchen. Wir können sie vielleicht erahnen, wenn wir aufmerksam zuhören, weil sich Themen und Probleme wiederholen. Mitunter ist eine Freundschaft aber auch lange gewachsen, und so wissen wir mehr über das Gegenüber. Wir kennen seine Themen.

Die Themen und Probleme der anderen scheinen Ihnen meist leichter, weil Sie Abstand haben und nicht mitten im Schlamassel stecken. Sie haben andere Stärken und Ressourcen in Ihrer Biografie entwickelt, mit denen Sie vermutlich ganz anders mit den Problemen der anderen umgehen würden. So geht es Ihren Freunden und Bekannten vermutlich auch mit Ihren Themen, und genau deshalb ist es gut, hin und wieder gemeinsam den Alltag und Weg zu gehen.

Identifizierungsprozesse führen dazu, dass Generationen sich miteinander verbunden fühlen. Diese Prozesse finden keineswegs nur aus einer Richtung statt, denn auch Eltern und Großeltern identifizieren sich mit ihren Kindern und Enkeln. Früher war dies deutlich sichtbar, wenn der erfolgreiche Sohn für den sozialen Aufstieg und mehr Ansehen seiner Eltern im Dorf sorgte. Sie können sich auch mit Ihrem Umfeld identifizieren, mit Ihren Freunden und Bekannten. Diese sind in Ihrem Leben, weil sie vermutlich ähnliche Werte und Vorstellungen wie Sie haben. Sie entscheiden immer wieder neu. Sie können sich auch mit Ihrem Beruf identifizieren und sich so verändern. Sie entscheiden fast unabhängig von Ihrem Päckchen, wenn Sie es denn genau kennen. So ein Päckchen ist Ballast und Rüstzeug gleichermaßen. Probleme entstehen meistens, wenn wir unser Päckchen nicht kennen und uns stattdessen wundern, dass uns irgendwas blockiert. Selten liegen die Blockaden im Außen. Mit einem gut gepackten Päckchen ist man besser unterwegs.

Es ist Ihre Entwicklung!

Jeder Mensch ist mit seiner eigenen Sensibilität, seinen individuellen Besonderheiten und Charaktereigenschaften ausgerüstet. Sie fordern Raum für die Entfaltung der Individualität und Möglichkeiten, sich in der Realität zu erproben und zu lernen. Emotionale Blockaden verdeutlichen oft, dass dies bisher nicht möglich war. Diese Blockaden und wie man sich davon befreien kann, sind Schwerpunkt der folgenden Abschnitte.

Was macht das alles mit mir?

Die Überschrift ist natürlich ein wenig provokant und nutzt ein Klischee, das Sie vermutlich aus Filmen kennen, die Therapieszenen zeigen. Was das alles mit Ihnen machen kann, ist sehr vielfältig und abhängig davon, was zum Beispiel bisher in Ihrer Familie erlaubt war. Was das mit Ihnen machen kann, ist eine spannende Frage, denn Sie entscheiden, was Sie sich erlauben. Entsprechend werden unterschiedliche Prozesse angestoßen. Diese gehen einher mit vielen Gefühlen und Übungsmöglichkeiten. Sie können Ihr bisheriges Rüstzeug ergänzen. Abraten möchte ich von der Idee, Rüstzeug wegzuschmeißen, aus dem Leben zu tilgen. Vielmehr ist es sinnvoll, sich neue und andere Erfahrungen dazuzuholen. Je mehr Rüstzeug Sie haben, desto spontaner können Sie entscheiden, was Sie brauchen.

Prozesse, die durch die Auseinandersetzung mit der eigenen Biografie angestoßen werden, sind vielfältig. Dazu gehören späte Abnabelungsprozesse, die einhergehen mit Trauer, Ärger und Angst, aber auch Erleichterung und Stolz. Schuldgefühle, die in der frühen Kindheit geprägt wurden, begleiten die Ablösung und lassen anfangs aus Angst in dem Prozess verharren (Lammers, 2016; Lammers u. Ohls 2017). Doch unabhängige Kinder können Verantwortung übernehmen, für sich selbst und ihr eigenes Leben. Schulderleben wird kleiner, je mehr man im eigenen Leben ankommt. Es lohnt sich also. Scham ist ein Gefühl, das sehr vielfältig auftritt. Jeder, der seine Pubertät bewusst erlebt hat, kennt diese Emotion sehr intensiv. Scham, aus einer bestimmten Familie zu kommen, ist verstehbar, aber Stolz und Selbstgewissheit, trotz allem schon so viel geschafft zu haben, brauchen auch Platz. Sie entscheiden, welchem Gepäck Sie Raum in Ihrem Leben geben wollen. Manchmal muss man dazu neue Strategien lernen. Welche sind typischerweise notwendig?

- loslassen, Nein sagen, abgrenzen
- Gefühle zulassen und gut regulieren sowie sich selbst beruhigen können
- Selbstmitgefühl und Akzeptanz für Stärken und Schwächen, Selbstfürsorge
- ungünstige Gedanken lenken und Distanz zum eigenen Denken und Fühlen aufbauen können
- soziales Miteinander durch Kommunikation fördern, verzeihen können
- Fehler zulassen und erfolgreich scheitern können

»Eine lange Liste«, denken Sie vermutlich. Ja, wenn Sie das denn wirklich alles lernen müssten. Das wird aber keineswegs der Fall sein. Sie besitzen nämlich schon eine große Menge an Rüstzeug. Meist ist es auch so, dass Sie die Strategien eigentlich beherrschen, nur nicht im Umgang mit jedem Menschen. Sich im Job abzugrenzen fällt vielen Menschen erst einmal leichter als zu Hause. Oder umgekehrt: Zu Hause ist es leichter, vor Erschöpfung vom Job zu sagen, es geht heute nicht, weil Sie sich bei der Arbeit nicht abgegrenzt haben. Die Tabelle auf S. 164 f. soll Ihnen helfen, sich einen Überblick zu verschaffen. Machen Sie Ihre Kreuze an den Stellen, wo Sie glauben, gut zurechtzukommen.

Bereiche	Körper und Gesundheit	Soziale Beziehungen	
		Partnerschaft	Freunde
Ich kann mich abgrenzen und Nein sagen.			
Ich kann loslassen.			
Ich kann meine Gefühle zulassen.			
Ich kann meine Gefühle allein regulieren.			
Ich kann mich selbst beruhigen.			
Ich kann wohlwollend mit mir sein und mir Gutes tun.			
Ich kenne meine Stärken und Schwächen.			
Ich habe meine Gedanken im Griff und kann mein Denken lenken.			
Ich kann mit anderen Menschen sprechen.			
Ich kann Bedürfnisse und Gefühle mitteilen.			
Ich gestehe mir Fehler zu.			
Ich habe aus meinen Niederlagen gelernt.			
Ich kann mir und anderen verzeihen.			

Familie	Arbeitskollegen	Freizeit, Hobbys, Spiel	Krisen-situationen

Sie werden feststellen, dass Sie mehr können, als Sie denken. Es ist normal, auch mal kritisch mit sich zu sein. Das Spannende daran ist, dass die meisten Menschen recht grundsätzlich über sich denken. Wenn es ihnen beispielsweise in einem Bereich nicht gelingt, Nein zu sagen, dann glauben sie meist, dass sie es grundsätzlich nicht können. Das ist ein Fallstrick, in dem wir uns nur verfangen können. Denn in den Bereichen, in denen Sie die Strategien doch anwenden, gibt es vieles für Sie zu entdecken. Sie können auf den Unterschied schauen, warum es in dem Bereich gut gelingt und warum in einem anderen Bereich eher weniger.

Was macht den Unterschied?

Ein Beispiel: Sich in der Partnerschaft und Familie abzugrenzen, fällt Ihnen sehr schwer. Im Beruf dagegen können Sie das gut. Partnerschaft und Familie sind nahe Verbindungen, abgrenzen und Nein sagen können erst einmal mit einem schlechten Gewissen einhergehen. Im Beruf ist das Handeln zeitlich durch den Arbeitsvertrag begrenzt. Hier gelingt es vielleicht durch die klare Struktur, Überstunden zu vermeiden.

Ein anderes Beispiel: Im Bereich Körper und Gesundheit geht es bei den kleinsten Anzeichen emotional bergauf und bergab. In allgemeinen Krisensituationen hingegen sind Sie die Ruhe selbst. Was ist anders? Dem Körper zu vertrauen, fällt vielleicht bei Ihrer Vorgeschichte schwer und Angst vor dem Ausfall führt zu Turbulenzen. In allgemeinen Krisensituationen können Sie sich selbst beruhigen und auf sich vertrauen, weil Ihre Stärken und Schwächen klar auf der Hand liegen. Sie haben mehrere Lösungsüberlegungen im Blick.

☆☆★★ Die Ausnahmen sind spannend!

Milton Erickson, ein bekannter Therapeut, von dem ich zu Anfang des Buches schon sprach, sagte gerne: »Die Ressourcen, die du brauchst, findest du in deiner eigenen Geschichte.« Und er hat recht: In wirklich jeder Lebensgeschichte gibt es Ausnahmen, also Situationen, in denen Menschen etwas können, von dem sie sonst glauben, es nicht zu können. Auch dafür ist es gut, sich mit der eigenen Biografie auseinanderzusetzen. Schauen Sie auf die Ausnahmen im Leben: Auch wenn sie nur winzig klein erscheinen, haben Sie darin mehr Fähigkeiten und Fertigkeiten.

»Und manchmal braucht es den berühmten Abstand, ehe man diese Ausnahmen für sich anerkennen kann.«

Mein Einfluss auf das Miteinander

Menschen beeinflussen sich wechselseitig. Insbesondere im Erwachsenenalter gestalten wir mit allem, was wir im Gepäck haben, auch den Kontakt zum Gegenüber. Für Kinder gelten natürlich Ausnahmen, da sie Beziehungen meist entsprechend ihres Entwicklungsstandes mitgestalten. Es gilt aber die Regel: Im Kontakt mit Kindern trägt der Erwachsene hundert Prozent der Verantwortung fürs Miteinander (Juul 2009).

Sie sind vermutlich erwachsen, gestalten also Beziehungen mit. Im vorangegangenen Kapitel haben Sie einige Fragen zu den Verbindungen mit Ihren Eltern und Geschwistern beantwortet. Erinnern Sie sich noch an das Dreieck aus dem Abschnitt »Rüstzeug und Stärken« (siehe S. 61 ff.)? Lassen Sie uns das mit dem neuen Wissen und einigen Erkenntnissen noch mal nutzen.

In drei Ecken denken

Sind Ihre Antworten ähnlich wie vorher? Dann hatten Sie bereits ein gutes Verständnis für sich. Mitunter sind die Verbindungen zu Ihrer Kindheit klarer, und Sie können noch mal überlegen, ob Sie denn so sein, denken und fühlen wollen. Die Antworten können aber auch ein wenig versöhnen, denn so zu sein ist vor dem Hintergrund durchaus verständlich. Sie haben das Ruder in der Hand, und wenn Sie zufrieden und glücklich sind, ist das eine gute Bilanz.

Lassen Sie uns das Dreieck vertiefen, denn hinter diesen Sätzen stecken wichtige Werte und Pläne, die das Handeln mitgestalten. Diese unterteilen wir in das, was Sie erreichen möchten, und das, was Sie vor dem Hintergrund Ihrer Erfahrungen gern vermeiden wollen. Beginnen wir mit den grundsätzlichen Zielen in Verbindung mit anderen Menschen.

Ziele und Wünsche: Ich möchte erreichen, dass mein Gegenüber …

Vermeidungsziele: Ich möchte verhindern, dass mein Gegenüber …

Weil ich sonst folgenden Konsequenzen / Gefühlen ausgesetzt bin:

Beziehungsgestaltung: Deshalb gehe ich üblicherweise mit anderen Menschen so um, dass …

Frau Anton aus dem Beispiel im Abschnitt »Vertauschte Rollen« (siehe S. 149 f.) antwortet folgendermaßen:

Ziele und Wünsche *Ich möchte erreichen, dass mein Gegenüber mir wohlgesonnen und freundlich gestimmt ist.*

Vermeidungsziele *Ich möchte verhindern, dass mein Gegenüber mir unangenehme Gefühle entgegenbringt, weil ich sonst meiner Angst und innerem Stress ausgesetzt bin.*

Beziehungsgestaltung *Deshalb gehe ich mit anderen Menschen so um, dass sie sich in meiner Anwesenheit wohlfühlen.*

Was nun beim Gegenüber ausgelöst wird, hängt oft davon ab, was dieses im Gepäck hat. Trotzdem lohnt es sich, mal aufmerksam zuzuhören, wenn Freunde und Bekannte Ihnen eine Rückmeldung geben. Da sie meist viele Gemeinsamkeiten mit Ihnen haben, werden die Rückmeldungen vermutlich recht ähnlich sein. Frau Anton bekommt oft die Rückmeldung, dass sie sehr diplomatisch sei, gut zuhören könne, gerne helfe und man gerne mit ihr Zeit verbringe. Das ist prinzipiell in Ordnung, aber etwas überspitzt ausgedrückt: Frau Anton stellt eigene Bedürfnisse und Befindlichkeiten gegenüber denen der anderen zurück, redet wenig über ihre Sorgen und Nöte, kommt, wann immer sie gebraucht wird, und wird gern in Anspruch genommen. Aber wo bleibt denn nun Frau Anton selbst? Wie geht sie mit all dem um, was da von ihr verlangt und an sie herangetragen wird? Sie spürt durchaus Ärger, kann aber damit nicht gut umgehen. Selbstfürsorge fällt ihr schwer, weil sie dafür kaum Zeit hat und die totale Erschöpfung naht.

Üben Sie sich in Selbstfürsorge. Am Anfang des Buches haben Sie dafür eine schöne Übung kennengelernt und vielleicht schon ausprobiert: »Urlaub machen von den Problemen« (siehe S. 19).

Selbstfürsorge ist kein Fremdwort

Wie lösen Sie Probleme und wie sorgen Sie für sich? Das hat natürlich auch etwas damit zu tun, wie Sie groß geworden sind. Sich selbst Fürsorge entgegenzubringen ist wichtig, vor allem in Zeiten, in denen Sie Probleme lösen und sich weiterentwickeln wollen. Selbstfürsorge schafft auch Zeit für sich selbst, Zeit, in der man sich spüren kann. Der Körper wird greifbar, und mit ein bisschen Ruhe können Sie mal wieder schauen, was Sie da so mit sich und anderen machen. Haben Sie sich noch selbst im Blick? Das ist keine Aufforderung zum Egoismus, sondern der Wunsch, dass Sie gut mit sich und Ihren Ressourcen umgehen.

Probleme löse ich üblicherweise so, dass ...

. . . .

Dabei bin ich meist ...

. . . .

Mit mir selbst gehe ich üblicherweise so um, dass ...

. . . .

Frau Anton gibt folgende Antworten auf diese Sätze:

Probleme löse ich üblicherweise so, dass alle zufrieden sind. Dabei bin ich meist recht praktisch.

Mit mir selbst gehe ich üblicherweise so um, dass ...?

Hier stand ein großes Fragezeichen, denn diese Frage hat sich Frau Anton wirklich sehr selten gestellt. Grundsätzlich kann sie aber sagen, dass sie versucht, sich um sich zu kümmern. Um sich aber wirklich gut um sich kümmern zu können, müsste Frau Anton sich abgrenzen und hin und wieder Nein sagen sowie lernen, unangenehme Gefühle auszuhalten. Mit ein bisschen mehr Übung in Selbstfürsorge und Zeit für sich wird das bei ihr sehr gut gehen.

Das nächste magische Dreieck besteht aus den drei Ecken Beziehungs-, Problemlöse- und Selbstfürsorgeverhalten. Sie erinnern sich: Dreiecke sind eine stabile Angelegenheit.

Dreieck Problemlöse-, Beziehungs- und Selbstfürsorgeverhalten

Mein Selbstfürsorgeverhalten zeichnet sich dadurch aus, dass ....

....

Mein Problemlöseverhalten ist gekennzeichnet von ....

....

Mein Beziehungsverhalten berücksichtigt ....

....

Diese zwei Dreiecke sind eine gute Zusammenfassung Ihrer lebensgeschichtlichen Prägung. Das sind die Grundlagen, mit denen Sie im Leben an Menschen, Ziele, Probleme und Herausforderungen herangehen.

Auch Ihre Mitmenschen haben solche Dreiecke. Sie können diese auch mal für Ihre Freunde, Bekannten und Kolleginnen probehalber erstellen. Sie bilden gut den Autopiloten ab, der bei den meisten Menschen erst einmal die Führung übernimmt. Im Abschnitt »Zwei kindliche Autopiloten im Konflikt« (siehe S. 132 f.) können Sie ein bisschen mehr dazu nachlesen.

Die sensiblen Seiten meines Gegenübers

Menschen, mit denen wir im Alltag häufig umgeben sind und die uns nahestehen, sind ein wesentlicher Bestandteil unseres Lebens. Es ist eine wichtige Anpassungsleistung an unsere Umwelt, dass wir uns auch in andere einfühlen können. Die verletzbaren und sensiblen Seiten verbergen sich hinter den Zielen und Wünschen an das Gegenüber sowie hinter seinen

Vermeidungszielen. Es gibt viele Strategien, um das zu erreichen, was wir uns wünschen und hoffen, vermeiden zu können.

An dieser Stelle soll es keineswegs darum gehen, dass Sie anfangen, Ihr Gegenüber zu coachen. Nein, vielmehr ist ein wohlwollendes Verständnis für die verletzlichen und sensiblen Seiten anderer Menschen das Ziel. Wir alle besitzen diese verletzlichen Seiten und werden uns davon auch nie ganz befreien können. Weshalb auch? Sie machen uns menschlich.

Diese Anteile sind Grundlage für unsere Stärken und liebenswerten Schwächen. Nur weil wir diese Anteile im Gepäck haben, heißt es nicht: »Hier ist Optimierungsbedarf.« Die Vielfalt der Menschen verhindert auch, dass Menschen sich aufgrund ihrer Besonderheiten ausgeschlossen fühlen und in die Einsamkeit abrutschen.

Die Effizienzfalle im zwischenmenschlichen Kontakt

Falls sich jetzt ein innerer Optimierer bei Ihnen meldet und Sätze äußert wie »Wäre doch schön unkompliziert, wenn alle gleich wären« oder »Mit ein bisschen Vernunft hätten wir es alle leichter«, kommt hier ein beherztes »Nein«. Keineswegs wäre dann das Miteinander besser. Wir wären Computer mit identischen Programmen. Perfekt ist langweilig und macht aggressiv.

Sie kennen vielleicht solche Menschen, bei denen Sie erst einmal nicht wissen, was sie denken und fühlen. Die sind fast ein bisschen unheimlich, ohne es wirklich zu wollen. Meist haben solche Personen gute Gründe, ein solches Pokerface aufzusetzen. Auch bei Frau Anton wissen die meisten gar nicht, wie es ihr geht und was sie im Moment beschäftigt. Wenn sie in sich hineinfühlen würde, fiele ihr vielleicht auf, dass es da eine Menge an Gefühlen und Impulsen gibt und dass diese sich auch verändern.

Fragen nach dem aktuellen Befinden, den Gedanken und Gefühlen zu stellen, kann das Miteinander fördern. Respektvoll dabei mit den sensiblen Seiten des Gegenübers umzugehen ist ein gutes Bindemittel, um Kontakte zu vertiefen und auszubauen. Je besser der Kontakt, umso einfacher gelingt es dem anderen, sich zu öffnen und über Dinge zu sprechen, die ihn bewegen und belasten. So, wie es also heißt, andere nicht zu coachen, heißt es auch, liebevoll mit ihnen umzugehen, selbst wenn Sie manches gerne für sich verändern möchten.

Wertschätzung ist das Mittel jedes guten Kontaktes zu anderen Menschen. Sie geht mit Respekt und Zuwendung einher. Selbst wenn wir feststellen, dass wir den anderen gar nicht mögen, können wir uns wertschätzend verhalten. Es gibt viele Möglichkeiten, Menschen wertzuschätzen. Keineswegs braucht es dafür immer die Sprache. Hier eine kleine Auswahl an Möglichkeiten, die Ihnen sicherlich bekannt vorkommen.

Es geht auch wortlos

Mimik, Gestik, Körperhaltung – wieder ein Dreieck. Dieses kommt ohne Worte aus, spiegelt jedoch oft die innere Haltung, die wir anderen Menschen gegenüber haben. Mithilfe einer offenen Mimik, angemessenen Gestik und aufrechten Körperhaltung können wir dem anderen zeigen, dass wir ihn respektieren und ihm wohlwollend begegnen. Für das alles braucht es noch nicht einmal Worte oder ausgefeilte Kommunikationsstrategien. Schon der bewusste Einsatz der Körperhaltung, Gestik und Mimik vermittelt Anerkennung, die jeder von uns braucht. Ein Lächeln, wenn uns etwas gefällt, oder ein freundlicher Blick. Bezugnahme auf das, was das Gegenüber zeigt, lässt sich so einfach ausdrücken.

Eine gute Grundregel ist, auch Fehlern und Verletzlichkeiten verständnisvoll zu begegnen. Das soll keineswegs bedeuten, dass Sie sich nicht ärgern dürfen, wenn auch Sie von einem Fehler betroffen sind. Dass man Gefühle zeigt und deutlich macht, dass man diese im Griff hat und verzeihen kann, hinterlässt aber mittel- und langfristig mehr Eindruck.

»Vielleicht hilft Ihnen dabei die Übung ›Urlaub machen von den Problemen‹ (siehe S. 19)?«

Lassen Sie uns mal das Gegenteil überlegen und eine Checkliste anlegen. Aufgabe ist es, eine Beziehung den Bach heruntergehen zu lassen und den anderen auflaufen zu lassen. Was ist zu tun? Haben Sie ein paar Ideen? Hier sind Vorschläge, die miteinander kombiniert ziemlich schnell den Beziehungsbankrott einläuten:

- den anderen immer schnell wieder auf die- oder denselben Fehler aufmerksam zu machen
- ihn / sie abwerten und anschreien
- Unterstützung und Lob vorenthalten
- abwertender, kalter Blick
- Anerkennung verweigern und selbst bei besten Ergebnissen noch auf das aufmerksam machen, was nicht perfekt ist
- die Entscheidungen des anderen häufig hinterfragen und schlechte Prognosen machen
- respektlos mit seinem Eigentum umgehen
- ...

Sie können die Liste gern ergänzen. Sicher haben auch Sie ungünstige Erfahrungen mit unangenehmen Zeitgenossen gemacht und wissen genau, was Ihnen überhaupt nicht gutgetan hat. Nun, dafür lesen Sie vermutlich nicht das Buch. Mit ein bisschen Humor ist Ihnen klar: Sich mithilfe der Liste im Gegenteil auszuprobieren, ist wie Beziehungskitt in die Hand zu nehmen und Gutes zu tun.

Reaktionen von Mitmenschen verstehen üben

Menschen brauchen Resonanz. Das reale Gegenüber sagt uns durch Mimik, Gestik, Worte und sein Verhalten oft viel mehr, als uns bewusst ist. Nicht über alle Dinge denken wir aktiv nach, doch das, was wir Intuition nennen, gibt uns genauso wichtige Informationen über die andere Person. Die Ausgangsbasis dafür ist die innere Bereitschaft, sich auf die andere Person einlassen zu wollen. Lösen Sie sich dafür einen Moment lang von allen Gedanken, die ja sowieso immer da sind. Über sich nachzudenken, zu grübeln und sich infrage zu stellen, kann das Gegenüber irritieren. Dieses zeigt es wiederum durch verändertes Verhalten, und schon ist das Miteinander komisch und anstrengend.

Was meint Zugewandtheit? Lassen Sie uns ein kleines Gedankenexperiment starten, um das zu verdeutlichen. Stellen Sie sich eine Wippe vor, auf der zwei Personen balancieren und das Gleichgewicht halten müssen. Auf Ihrer Seite können Sie ordentlich Gewicht aufbauen mit Selbstvertrauen und den Dingen, die Sie gut können, die Sie bisher erreicht und gut gemacht haben. Im Moment befindet sich die Seite Ihres Gegenübers deutlich über Ihrer. Seine Seite steht in der Luft, und es kann nichts ausrichten. Wollen Sie Ihrem Gegenüber jetzt in die Augen schauen, müssen Sie ihm auch Gewicht geben. Das funktioniert ganz gut über Aufmerksamkeit und Zuwendung. Dafür ist es wichtig, ganz bewusst die eigene Aufmerksamkeit auf das Gegenüber zu lenken. Schauen Sie ihm ins Gesicht. So erfassen Sie auch seine Mimik und Kopfhaltung. Die Körpersprache verrät uns, ob die andere Person an Kontakt interessiert ist. Falls nicht, gilt es sicherzustellen, dass Sie auch die Aufmerksamkeit der anderen Person bekommen. Ansprechen, begrüßen, Hallo sagen sind ganz einfache Mittel.

★★★★ Selbst fast wortlos überbrückt ein aufmerksamer freundlicher Blick auch mal Sprachbarrieren.

Augenkontakt ist wichtig, doch wenn Sie spüren, dass er sich ins Anstarren verwandeln könnte, dürfen Sie ihn auch mal kurz aussetzen. Den Gesichtsausdruck zu lesen kann helfen, sich aufs Gegenüber einzustellen. Ein Lächeln zeigt Offenheit, ein Zunicken eine Ermunterung, ein verschlossener Blick lässt innehalten und weitere Informationen sammeln. So können Körperhaltung, Stimmfarbe und die gesprochenen Worte mehr Informationen liefern.

Je mehr Informationen Sie haben, desto mehr Gewicht entsteht auch auf der Seite des Gegenübers, die gemeinsame Wippe balanciert sich aus. Sobald Sie auf Augenhöhe sind, können Sie miteinander verhandeln. Soll es einfach so bleiben? Dann halten Sie mit der bisherigen Distanz und einer freundlichen Zugewandtheit die Balance. Wollen Sie aufeinander zugehen, müssen sich beide bewegen, da sonst die Wippe ins Ungleichgewicht kommt. Natürlich können Sie auch wieder einen Schritt zurückgehen. So balancieren wir Nähe und Distanz mit unserem Gegenüber immer wieder aus. In Bewegung bleiben schafft Übung im Halten von Beziehungen und Kontakten.

Ideen über die ideale Person

Viele Menschen tragen Ideale über sich selbst und andere Menschen mit sich herum. Das sind Überlegungen und Überzeugungen darüber, wie man selbst sein sollte oder müsste. Der Gedanke dahinter ist der Wunsch nach einem reibungslosen und fehlerfreien Ablauf des Miteinanders und des Lebens. Wenn andere perfekt wären, gäbe es keine Konflikte und Auseinandersetzungen, und alles wäre viel einfacher. Vielleicht stimmt das auch, aber es wäre eben auch viel langweiliger, weil es nichts mehr zu entdecken gäbe. Wir bräuchten kein Interesse für unser Gegenüber aufzubringen und würden uns kaum miteinander beschäftigen. Wo bleiben dann unser Näheerlebnis, die guten Bindungserfahrungen, um uns wohlzufühlen? Ist der andere perfekt, gleicht er vielleicht unsere Schwächen aus. Diese Idee versteckt sich oft in den Wünschen, die wir an andere Personen stellen. Ein Beziehungsklassiker soll das verdeutlichen.

Lieferservice

Frau Graf schimpft empört über ihren Partner. Er hat wieder seine Schuhe nicht an den richtigen Platz gestellt. Es wäre doch für alle viel leichter, wenn man sich an die Regeln hielte. Alle hätten mehr Ordnung, niemand müsste aufräumen. Auf die Frage, weshalb Frau Graf ihren Partner nicht daran erinnern mag, antwortet sie: »Das will ich nicht.« Sie erinnert sich noch gut an ihre nörgelnde Mutter, die ständig schimpfte und Streit anfing, weil der Vater im Haushalt nicht half und es ihm egal war, wo die Schuhe standen. Die schrecklichen Streitereien wegen »nichts« sitzen Frau Graf noch heute tief in den Knochen. Als Kind hat sie sich sehr unwohl damit gefühlt. Sie hat sich vorgenommen, sich Dinge zu merken, die dem anderen wichtig sind, und darauf Rücksicht zu nehmen. So beherzigte Frau Graf Wünsche und Erwartungen des Partners, so weit und so gut es ihr möglich war. Dasselbe wünschte sie sich aber umgekehrt auch von ihm.

Das Beispiel Frau Grafs zeigt, dass aus früheren Erfahrungen auch Ideen darüber entstehen können, wie es für alle einfacher sein kann. Niemand muss (wie sie als Kind) unter den Streitereien leiden. Aus ihrer Sicht ist es nur eine Kleinigkeit, die Schuhe einfach an den vorgesehenen Platz zu stellen. Stimmt, aber ihrem Partner ist es – wie ihrem Vater – ziemlich egal, wie die Schuhe im Flur stehen. Er will es schnell gemütlich haben. Frau Graf fällt es schwer, ihn darum zu bitten. Sie hat Sorge, dass sie so »nörgelnd und streitsüchtig wie ihre Mutter« wird. Weshalb? Frau Graf hat nicht gelernt, wie man in Ruhe und vorwurfsfrei um etwas bittet. Sie hat erst einmal nur ein schlechtes Beispiel im Kopf, und die Lösung ist: Der Partner macht es richtig, dann muss ich mich nicht wie meine Mutter verhalten. Ihr fehlen also erst einmal gute Ideen und vermutlich auch Übung darin, jemanden um etwas zu bitten. Da wäre es doch viel schöner, wenn der Partner alles richtig machen würde.

Der Partner von Frau Graf liefert aber nicht, und sie ist mächtig empört darüber. Sie tut das doch auch für ihn und hat sehr genau beherzigt, was er sich wünscht. Das eigene Verhalten ist manchmal die Grundlage für unsere Erwartungen an andere. Wie bei Frau Graf die frühen Erfahrungen in ihrer Familie. Das gilt besonders für nahe Beziehungen. Oft gelingt es uns leichter, andere Erwartungen zu formulieren, wenn die Beziehungen – wie im Job – nicht allzu nahe sind.

Dennoch versuchen wir, unangenehme Erfahrungen und Erlebnisse, die wir gemacht haben, zu vermeiden. Die Strategie von Frau Graf war sicher sehr hilfreich. Noch mehr Streit in der Familie wegen solcher Kleinigkeiten hätte sie als Kind noch trauriger gemacht. Für Frau Graf stimmen also die entwickelte Strategie und die Erwartungen an die für sie nahen Menschen. Aber muss der andere nun auch liefern?

Zugegeben, in einer Partnerschaft oder Freundschaft tut man das zu einem gewissen Maße. Aber für jeden Kontakt? Irgendwann kommt vielleicht zu Recht der Eindruck auf, man wäre ein Lieferservice. Wo bleiben da Sie? Wenn Sie das Beispiel vor dem Hintergrund der Idee mit der Wippe betrachten, passiert Folgendes: Sie liefern, kommen auf den anderen zu – und der bleibt einfach auf seiner Seite stehen. Die Balance der Wippe verschiebt sich, Sie kommen vielleicht ins Schaukeln, fallen herunter oder haben hinterher Mühe, Ihre alte Position wieder einzunehmen. Ihr Gegenüber bleibt mit seinem Gewicht einfach stehen und kann warten. Wenn Sie nicht liefern, gibt die Empörung des Gegenübers seiner Seite noch mehr Gewicht. Die meisten würden dann intuitiv nach vorne gehen, müssen aber mächtig balancieren.

Man kann verstehen, wenn jemand dann einfach abspringt und sich denkt: »Der andere soll allein weiterspielen.«

Was wäre eine andere Lösung? Sie müssten sich auf ihrer Seite der Empörung stellen, und zwar indem Sie sich auf der Wippe mächtig schwer machen und das Gewicht nach hinten verlagern. Dieses Kinderspiel kennen Sie vermutlich. Das vergrößert aber den Abstand und hat wenig mit der Nähe zu tun, die sich andere Menschen wünschen. Stattdessen gleicht es einem Machtspiel.

Die eigenen Hausaufgaben

Sie haben vielleicht schon mal den Satz gehört: »Man kann nur sich selbst verändern, wenn man will, dass sich etwas verändert.« Und der stimmt: Wir können versuchen, den anderen zu beeinflussen, aber umgekehrt würde uns das nur wenig Freude machen. Ihr Gegenüber ist durchaus bereit, etwas für Sie zu tun. Es ist kooperativer, als Sie denken, nur sollte es aus freien Stücken kommen. Mit einem Lächeln aufeinander zugehen macht auf der Wippe auch viel mehr Spaß. Schauen wir auf Ihre Vorstellungen und das, was dahintersteckt.

Überlegen Sie mal, was Sie bei anderen so richtig auf die Palme bringt. Sie können gern an einen Ihrer letzten Konflikte denken. Welche Vorwürfe haben Sie Ihrem Gegenüber gemacht? Worüber sind Sie empört? Machen Sie eine Liste dieser Dinge.

Diese Dinge oder dieses Verhalten empört Sie bei anderen Menschen:

Was stört Sie konkret an …

… Ihrem Partner:

... Ihrer Freundin:

... Ihren Eltern:

... anderen Personen, die Ihnen nahestehen:

Was wünschen Sie sich, wie andere Menschen sein müssten?

Welche Erfahrungen aus Ihrer Vergangenheit verbinden Sie damit, wenn sie sich so nicht verhalten?

Was vermeiden Sie mit dem Wunsch?

Was gilt es für Sie zu lernen, wenn sich der andere nicht an Ihre Wünsche hält?

Schauen Sie doch mal auf die Liste im Abschnitt »Was macht das alles mit mir?« (siehe S. 162 f.). Sind da Dinge dabei, die es sich lohnt zu lernen? Oder können Sie diese Dinge schon, wenn Sie andere Erwartungen an Ihr Gegenüber haben? Frau Graf z. B. würde die Erwartungen, die sie an ihren Partner stellt, keinesfalls an ihren Chef richten.

Eigene Stärken und Schwächen

Die eigenen Hausaufgaben machen uns natürlich auch auf unsere Stärken und Schwächen aufmerksam. Lieber verorten wir Schwächen bei anderen, denn das fühlt sich besser an. Mit der berühmten Hand aufs Herz wissen wir aber doch auch um die eigenen. Eigene Schwächen verstecken sich oft auch hinter diesen »So bin ich eben«-Formulierungen. Beispielsweise lässt die Erkenntnis »Ich bin eben ein ungeduldiger Mensch« nicht mehr viel Spielraum zu. Wenn man so ist, dann ist man so. Das befreit innerlich von der eigenen Verantwortung, sich um die Ungeduld zu kümmern.

Dabei ist Ungeduld eigentlich nur eine Konsequenz aus einem Gefühl, das man zu vermeiden versucht.

Vielleicht ärgert man sich, dass das Gegenüber sich nicht so verhält, wie man es sich wünscht. Die Idee, sich als ungeduldig zu beschreiben, ist schon mal sozial verträglicher als die Alternative, nämlich die Frage: »Warum verhältst du dich nicht so, wie ich es will?« Das klingt ziemlich egoistisch und würde vermutlich jeden schnell auf die Palme bringen. Stattdessen schreibt man sich »Ungeduld« zu und fertig. Darunter kann der andere auch leiden, aber wenn man so ist, dann ist man eben so.

Das stimmt natürlich nicht. Denn hier heißt es: »Ich kann nicht gut damit umgehen, wenn es nicht so läuft, wie ich es mir vorstelle.« Ja, das klingt nach echter Selbstkritik und würde bedeuten, dass man ein bisschen Selbstverantwortung zusammennimmt. Dann heißt es, sich zu kümmern und zu lernen. Dazu gehört das Hinterfragen, weshalb man damit nicht gut umgehen kann. Welche Erfahrungen man früher in solchen Situationen gemacht hat. Wie man sich gefühlt hat und was an dem Gefühl so schlimm war. Wofür war es wichtig, sich genaue Vorstellungen zu machen?

Schnell entsteht da manchmal der Eindruck, vom Hölzchen zum Stöckchen zu kommen. Unsere Schwächen scheinen wie ein Spinnennetz miteinander verbunden zu sein. Am Beispiel der Ungeduld stellt sich dann vielleicht das Aushalten unangenehmer Gefühle als Thema heraus, die geringe Bereitschaft, unangenehme Gefühle auszuhalten, Konflikte nicht gut auszutragen, eigene Bedürfnisse nicht zu nennen etc. Das Spinnennetz scheint riesig, überall klebt es, alles ist verwoben.

Überforderung ist erst einmal eine normale Reaktion. Veränderungen bedeuten nämlich auch, Verantwortung zu übernehmen.

Verantwortung für das eigene Verhalten, sich selbst gegenüber wohlwollend kritisch zu sein, realistische Ziele zu setzen, sich Fehler zu verzeihen. Schon sind wir wieder bei einer langen Liste. Das Verantwortungspaket wird immer größer. Was ist, wenn wir in der Kindheit und Jugend gar nicht gelernt haben, Verantwortung für uns zu übernehmen oder einfach zu viel Verantwortung für andere in der Familie hatten? Und schon ist es plötzlich gar nicht so einfach, sich der Verantwortung (für sich) zu stellen.

Es lohnt sich, sich bewusst zu machen, dass Sie die Verantwortung schon tragen. Das Paket ist gar nicht größer. Die Verantwortung ist immer dieselbe. Sie tragen sie nur für andere Dinge, nämlich für »Ich bin ungeduldig« und die Probleme, die damit einhergehen. Denn ein bisschen Unwohlsein taucht auch in dieser Erkenntnis auf. Sie tragen auch die Verantwortung dafür, wie andere Sie mit Ihrer Ungeduld wahrnehmen, und für Ihre Reaktionen aus der Ungeduld. Sie sehen, auch diese Liste ist lang. Und Sie haben sich die entscheidende Frage noch gar nicht gestellt: Wollen Sie dafür die Verantwortung übernehmen? Sie tun es einfach, weil Sie es gewohnt sind.

Wofür wollen Sie Verantwortung übernehmen?

Egal welchen Weg Sie gehen, Sie haben nicht mehr oder weniger Verantwortung durch die Wahl eines Weges. Gehen Sie ihn. Sie dürfen aber entscheiden, wofür Sie diese Verantwortung übernehmen möchten. Was macht Ihnen Freude? Worauf wären Sie stolz, wenn Sie dafür verantwortlich gemacht würden? Mit solchen Fragen können Sie viel für Ihr Selbstwertgefühl tun. Durch die Entscheidung, wofür Sie Verantwortung übernehmen wollen und können, erleben Sie sich als selbstwirksam. Das heißt, Sie selbst haben Einfluss darauf, was Sie tun, wie Sie sich fühlen, was Sie erreichen.

Noch etwas zum Thema Ungeduld: Kleinste Veränderungen sind bereits ein Gewinn. Ihr Gegenüber verzeiht Ihnen Fehler, wenn es weiß, dass Sie an diesem Thema arbeiten. Sie können andere einbeziehen, indem Sie sich öffnen und zugeben, daran zu arbeiten. Das vermittelt Ihre Bereitschaft, Verantwortung bewusst wahrzunehmen. Sie erhalten Respekt und Wohlwollen vom Gegenüber. Die meisten Menschen wissen nämlich, wie schwer Veränderungen sind, und haben eine größere Toleranz dafür, wenn andere Fehler machen.

Schauen Sie auf das, wofür Sie Verantwortung übernehmen können. Für die früher gemachten Erfahrungen können Sie vermutlich heute kaum noch Verantwortung übernehmen. Viele Menschen überschätzen den Einfluss von Kindheitserfahrungen deutlich. So versuchen sie, ein wenig Kontrolle und Erklärbarkeit zu schaffen. Doch tatsächlich erzeugen sie so meist nur emotionale Belastungen. Gleichzeitig schonen sie oft die eigentlichen Verantwortlichen.

Verantwortung können Sie heute für Ihr Verhalten übernehmen. Sie können sich darin üben, unangenehme Gefühle auszuhalten, weil sie nach einer kurzen Zeit abklingen. Sie können Ihr Verhalten gegenüber den anderen prüfen. Nicht alles, was uns beschäftigt, müssen wir auch nach außen tragen. Sie können üben zu kommunizieren, wie Sie sich etwas vorstellen – oder lernen, Kompromisse zu machen. Egal wo Sie anfangen, keine Veränderung ohne Veränderung!

Verantwortung nicht mehr tragen können

Es gibt Momente im Leben, in denen es nicht gelingt, die Verantwortung zu tragen. Dann gilt es zu unterscheiden, ob eine Erkrankung vorliegt, die Sie hindert, verantwortungsvoll zu sein, oder ob Sie wichtige Entscheidungen im Leben treffen sollten. Wenn Sie sich unsicher sind, holen Sie sich bitte Unterstützung. In beiden Fällen kann es sinnvoll sein. Große Entscheidungen wollen überdacht sein. Erkrankungen müssen versorgt und behandelt werden. Eine Depression kann verhindern, dass Sie die Verantwortung für den Alltag übernehmen. Eine Angsterkrankung oder Zwangshandlungen können verhindern, dass Sie sich täglich auf den Weg zur Arbeit machen. Dann können Sie weder sich noch andere versorgen.

Genauso kann es ein, dass ein wirklicher Ausnahmezustand – im Sinne einer psychiatrischen Erkrankung – dazu führt, dass andere für Sie und Ihr Leben vorübergehend Verantwortung übernehmen müssen. Das schützt Sie. Es gibt diese Möglichkeiten, und das Wissen darum ist ein Teil davon, die Verantwortung wahrzunehmen. Im Anhang des Buches finden Sie Adressen, wo Sie Hilfe bekommen können. Trauen Sie sich, die Überforderung anzuerkennen. Stehen Sie zu sich und üben Sie, sich abzugrenzen von den Erwartungen, denen Sie im gesunden Zustand sehr wohl entsprechen können.

Allein oder einfach wie immer weitermachen (müssen)

Einsamkeit ist ein großes Problem in unserem heutigen Leben. Einsam und allein sein sind zwei verschiedene Dinge. Einsamkeit tritt immer dann auf, wenn man sich noch zusätzlich bewusst macht, wie wenigen Menschen man etwas bedeutet. Durch Grübeln und Selbstabwertungen lässt sich das Einsamkeitserleben vergrößern.

★★★ **Glauben Sie nicht alles, was Sie denken.**

Diese Gedanken verhindern auch, dass man in den Kontakt mit anderen Menschen geht. Es gibt viele Möglichkeiten, aus der Einsamkeit zu kommen. Oft ist es aber erst einmal wichtig, seine Gedanken und die vielen »Abers« zu stoppen. Sagen Sie sich selbst laut »Stopp«, so laut, dass Sie es gut hören können, und steigen Sie aus dem inneren Film aus. Überlegen Sie dann, was Sie brauchen.

Unter Menschen gehen

An vielen Orten können Sie ein paar Menschen um sich herum erleben. Keineswegs müssen Sie gleich in den Kontakt gehen. Unter Menschen zu sein ist ein Anfang, wenn man die Aufmerksamkeit auf die anderen Personen lenkt. Im nächsten Schritt können Sie also Ihre Aufmerksamkeit auf die anderen Menschen richten. Wie schauen sie, wie bewegen sie sich, welche Mimik und Körperhaltung haben sie? Sie können es auch mit einem Spiel probieren und sich überlegen, was der andere wohl für einen Beruf ausübt / ausüben wird. Schon sind Ihre Gedanken weg von diesem Sog der Einsamkeit. Denn auch wenn Einsamkeit ein großes Problem heutzutage ist, so ist es doch im Bewusstsein. Es gibt zahlreiche Angebote, viel mehr als früher, um der Einsamkeit zu entkommen. In jedem Stadtteil gibt es offene Gruppen, auf dem Land Gemeindearbeit. Versuchen Sie, sich mit den Angeboten zu beschäftigen, und streichen Sie jedes »Aber«. Erst wenn Sie etwas probiert haben, ist wieder eines erlaubt, wenn Ihnen das Angebot nicht gefallen hat.

Alleinsein hat verschiedene Dimensionen

Wir alle sind immer mal wieder allein. Im vorangegangenen Kapitel konnten Sie etwas über Verantwortung lesen. Auch für unser Alleinsein sind wir verantwortlich. Allein sein, sich um etwas selbst kümmern müssen, gehört zum Leben. Dabei gibt es sicherlich die vielleicht auch schmerzhaften Anteile des Alleinseins. Aber genauso hat Alleinsein auch angenehme Anteile. Dazu gehört, bei sich sein zu können, sich dem eigenen Rhythmus hingeben zu können. Dinge zu tun, die man besser allein tut, die man vielleicht auch nur allein tun mag. Überlegen Sie mal, was können Sie allein? Ein paar Ideen finden Sie bereits in der Liste, die Sie gerne mit eigenen Vorschlägen ergänzen können.

- kreativ sein und etwas basteln, malen
- (kitschige) Filme anschauen
- etwas in Ruhe lesen
- schwimmen gehen
- Fotos sortieren
- einen Brief schreiben
- Entspannungsübungen machen
- den Schrank mal wieder aufräumen
- ausführlich Körperhygiene betreiben
- …

- ....
- ....
- ....
- ....

Alleinsein kann man sich gut als Torte vorstellen. Es gibt Stücke, die man gern isst, und Stücke, die man liegen lassen kann.

Torte

Malen Sie Ihre »Alleinseintorte«. Überlegen Sie sich beim Zeichnen die verschiedenen Aspekte, die Sie mit Alleinsein verbinden. Schreiben Sie diesen Aspekten ein entsprechend großes Stück der Torte zu. Überlegen Sie sich auch, welche Stücke Sie in Zukunft noch mehr genießen oder neu ausprobieren wollen. Sie können dafür auch die Liste verwenden.

Gestalten Sie die Stücke, die Sie mit unangenehmen Gefühlen und Erfahrungen verbinden, anders als die Stücke, die Sie genießen können.

Alleinsein ist keineswegs schädlich. Das vergessen wir im Alltag aber schnell, und plötzlich erleben wir es als bedrohlich. Doch stattdessen brauchen wir es sogar, ab und zu allein zu sein, um z. B. über Dinge nachdenken zu können. Oder mal Zeit zu haben, um uns über unsere Gefühle klar zu werden. Wenn wir uns dafür keine Zeit nehmen, fühlen wir uns gehetzt und angestrengt. Nehmen Sie sich Zeit für sich und zünden Sie eine Kerze auf Ihrem Kuchenstück an.

In diesem Kapitel finden Sie viele Übungen und Strategien für Ihre Werkzeugkiste, die Ihnen helfen können, eigene Ziele und Entwicklungsschritte zu erreichen. Dazu gehört der Umgang mit inneren Blockaden, falschen Glaubenssätzen, zu großen Emotionen, Familienregeln oder alten Rollen, Neinsagen und vieles mehr.

Was tun bei Blockaden?

Blockaden im Leben entstehen an den Stellen, an denen wir unsere bisherigen Pfade verlassen und versuchen, neue Wege zu gehen. Andere Pfade zu beschreiten verursacht häufig Unsicherheiten und Ängste. Diese Gefühle sind oft unangenehm. Das kommt unerwartet, zumal wir ja eigentlich hoffen, mit den Veränderungen Verbesserungen zu erreichen. Unangenehme Gefühle auszuhalten, fällt vielen Menschen erst einmal schwer. Sie versuchen Gründe dafür zu finden, weshalb sie auftreten. Oft wird der Bogen in die eigene Biografie geschlagen. Das »stimmungsabhängige Erinnern« (siehe S. 49 ff.) versorgt uns mit Informationen, die zu den unangenehmen Gefühlen passen. Wir erinnern uns an frühere unsichere und verängstigende Situationen aus der Kindheit oder jüngsten Vergangenheit.

Nur ein Moment

So entsteht für den Moment der Eindruck, dass bessere Erfahrungen fehlen, um z. B. gute Entscheidungen treffen zu können. Aber glauben Sie in diesen Momenten mal nicht Ihren Gefühlen. Diese Art der emotionalen Beweisführung führt lediglich dazu, dass sich die Ängste und Unsicherheiten durch alte emotionale Erinnerungen vergrößern. Und schon ist die Blockade perfekt und wir stehen uns selbst im Weg. Sie können jedoch entscheiden, ob Sie sich darauf einlassen wollen und wie lange. Erinnerungen brauchen eine Würdigung, sonst tauchen sie wieder auf. Eine Würdigung kann das achtsame Wahrnehmen von Erinnerungen sein. Achtsam meint so wertfrei wie möglich. Die folgende Achtsamkeitsübung unterstützt Sie bei der wertfreien Wahrnehmung. Wenn Sie diese Übung durchführen, begrenzen Sie zeitgleich auch die Erinnerungen. Nehmen Sie sich dafür ruhig ein paar Minuten Zeit, in denen Sie sich bewusst entscheiden, die Erinnerungen und Gefühle wahrzunehmen. Störende Gedanken schicken Sie einfach weiter oder lassen sie wie Wolken am Himmel ziehen.

Lesen Sie bitte einmal die Übung ganz durch, bevor Sie beginnen.

Schauen Sie sich kurz vor der Übung noch einmal ganz bewusst an dem Ort um, an dem Sie sich befinden.

Hören Sie die Geräusche, die Sie umgeben, ohne sie zu bewerten.

Gibt es einen typischen Geruch? Wenn ja, nehmen Sie ihn wahr, ohne ihn zu bewerten.

Spüren Sie in sich hinein. Wie fühlen Sie sich gerade?

Wenn Sie mögen, schließen Sie einen Moment die Augen und tauchen Sie bewusst in die Erinnerungen ein. Nehmen Sie diese in möglichst vielen Details wahr. Öffnen Sie wieder die Augen und beantworten Sie folgende Fragen.

Was sehen Sie in der Erinnerung oder was würden Sie sehen, wenn Sie es sehen könnten?

Was hören Sie in der Erinnerung?

Gibt es einen Geruch, der die Erinnerung begleitet?

. . . .

. . . .

Welche Gefühle begleiten die Erinnerung?

. . . .

. . . .

Wo im Körper können Sie die Erinnerung fühlen?

. . . .

. . . .

Welche Impulse oder Handlungsabsichten spüren Sie?

. . . .

. . . .

Wenn die Erinnerung eine Überschrift hätte, welche wäre das?

. . . .

. . . .

In welches Kapitel Ihres Lebensbuches können Sie die Erinnerung einordnen?

. . . .

. . . .

Kommen Sie ganz bewusst wieder an dem Ort an, an dem Sie sich befinden. Richten Sie Ihre Aufmerksamkeit wieder auf das, was Sie sehen, hören, riechen, spüren. Kommen Sie ganz wieder im Hier und Jetzt an. Was bedeutet die Erinnerung für Sie?

. . . .

. . . .

Achtsamkeit bedeutet auch »Augen auf« und »Denken lenken«. Unsicherheit und Ängste sind erst einmal normal. Blockaden sind meist ein Resultat aus Erinnerungen der inneren Landkarte, den damit einhergehenden Gefühlen und aktuellen Emotionen. Mit dem gezielten Blick auf die Details lockern sich Blockaden.

Erlebnisse hinterlassen ihre Spuren, und die finden wir im Körper. Deshalb sprechen wir manchmal auch vom Körpergedächtnis. Das ist älter und geübter als unser Denken. Spüren Sie mit der folgenden Übung die Blockaden im Körper auf und versuchen Sie, diese durch bewusste Atmung aufzulösen. Wenn Sie gut bei sich bleiben können, können Sie die Übung mit geöffneten Augen durchführen. Leichter kann es sein, die Augen für einen Moment zu schließen. Wenn Sie die Augen schließen mögen, lesen Sie die Übung vorher einmal durch.

Atmen Sie ganz bewusst wieder zwei, drei oder vier Atemzüge.

Verbinden Sie schöne Gedanken, Gefühle und Sinneseindrücke mit der Luft, die Sie einatmen. Das kann die herrliche Luft eines Waldes sein oder die frische Luft vom Meer oder das freie Luftholen am Feldesrand bei einem Spaziergang. Sie können sich die Luft auch in Ihrer Lieblingsfarbe vorstellen, wenn Sie mögen.

Lenken Sie nun die Luft bewusst in die Körperteile, in denen noch alte Blockaden verankert sind. Spüren Sie dorthin, wohin Sie die Luft lenken mögen. Atmen Sie dabei immer weiter ein und aus. Erlauben Sie sich die Vorstellung, dass sich die farbige Luft rund um die Blockade sammelt, immer mehr auflöst, sich mit der Farbe verbindet und darin auflöst. Nehmen Sie sich für die Vorstellung die Zeit, die Sie brauchen.

Entscheiden Sie sich dann, die farbige Luft bewusst wieder auszuatmen. Atmen Sie mit jedem Ausatmen zeitgleich die aufgelöste Blockade aus. Nehmen Sie sich auch dafür ausreichend Zeit.

Wiederholen Sie die Übung so oft, wie Sie mögen. Sie wird immer effektiver, je öfter Sie diese für sich nutzen.

Vielleicht kennen Sie diese Übung auch als Bodyscan. Sie ist gut für einzelne Blockaden im Körper geeignet. Wenn Sie grundsätzlich körperlich sehr gestresst und angespannt sind, können Sie versuchen, einzelne Partien damit zu lockern. Oder wählen Sie eine allgemeine Entspannungsübung. Dazu können Sie z. B. die Urlaubsübung vom Anfang des Buches wählen (siehe S. 19) oder die folgende Körperentspannungsübung.

Ziel ist es, mit dem Atem in den Körper zu spüren, ihn wahrzunehmen und mit der Ausatmung ganz bewusst Anspannung loszulassen. Gibt es Körperteile, die versehrt sind oder gar fehlen? Dann dürfen Sie entscheiden, wie Sie damit umgehen wollen. Haben Sie noch Erinnerungen daran, als sie vorhanden oder unversehrt waren? Diese können Sie nutzen und so tun, als wären die Körperteile noch da. Das ist völlig okay, denn das Gehirn kann sich auch noch erinnern. Es ist dann ein bisschen wie mentales Trainieren. Das ist eine wichtige Methode, wenn beispielsweise durch einen Schlaganfall die Kontrolle über bestimmte Körperfunktionen erst einmal nicht mehr funktioniert. Mit mentalem Üben tut man so, als hätte man noch Einfluss. Gleichzeitig fördert man durch das Üben den (neuen) Einfluss. Dieses Training kann durchaus auch Gefühle freisetzen. Das ist normal, lassen Sie es zu. Oder Sie probieren die Übung erst einmal mit den versehrten Körperstellen ganz vorsichtig aus.

Körperentspannungsübung

Setzen Sie sich bequem hin oder machen Sie es sich auch liegend gemütlich. Prüfen Sie, ob es für Sie bequem ist. Nehmen Sie wahr, an welchen Stellen Ihr Körper Kontakt mit dem Stuhl, der Unterlage hat.

Beginnen Sie diese Übung wieder mit zwei, drei oder vier tiefen Atemzügen und spüren Sie, wie Ihr Atem seinen natürlichen Rhythmus findet. Achten Sie wohlwollend beim Einatmen darauf, den Atemstrom anfangs erst einmal in den Bauch zu lenken. Spüren Sie das gleichmäßige Heben und Senken des Brustkorbes und des Bauchraumes. Spüren Sie dort Verspannungen auf, indem Sie bewusst Ihren Atem dorthin lenken und sich beim langsamen Ausatmen vorstellen, die ganze Anspannung mitzunehmen und rauszulassen.

Spüren Sie nach, wie sich der Brustkorb und der Bauchraum jetzt anfühlen. Wenn sie noch Entspannung brauchen, wiederholen Sie das Einatmen und bewusst langsame Ausatmen der Spannungen, die sich mehr und mehr lösen. Nehmen Sie Ihren gesamten Körper als eine Einheit wahr, bevor Sie sich den einzelnen Körperregionen und -teilen widmen, die noch Entspannung brauchen.

Lenken Sie Ihre Atmung nun zu den anderen Körperstellen. Beginnen Sie bei den Zehen. Nun die Füße, dann die Unterschenkel, die Oberschenkel, das Gesäß, die Hüften ... Spüren Sie nach.

Wandern Sie mit der Aufmerksamkeit auf den Rücken und lenken Sie in der Vorstellung den Atem ganz gezielt dorthin. Tiefes Einatmen und langsames Ausatmen ... Mit dem Ausatmen lassen Sie auch die Spannungen vom Rückenbereich aus dem Körper heraus.

Nun zu den Schultern und dem Halswirbel ... Lenken Sie auch hier bewusst den Atem zu den Bereichen, die noch Entspannung brauchen. Beim nächsten Einatmen entscheiden Sie sich für einen Arm, eine Handfläche und lenken Sie den Atem dorthin. Spüren Sie Anspannungen auf, die Sie mit dem bewussten, langsamen Ausatmen loslassen. Wiederholen Sie dies auch mit dem anderen Arm. Spüren Sie der Entspannung nach, die sich nun im oberen Körperbereich einstellt.

Atmen Sie ganz bewusst ein und führen Sie den Atem über den Nacken und den Kopf, das Gesicht, die Augen, Nase und Mund dahin, wo sich noch Anspannung befindet, und lösen Sie diese mit dem bewussten Ausatmen. Spüren Sie nach.

Lenken Sie den tiefen Atemzug durch den ganzen Körper, nehmen Sie Bereiche, die noch Entspannung brauchen, wahr und lassen Sie die Anspannung beim langsamen Ausatmen los. Wiederholen Sie das Ein- und Ausatmen, bis sich ausreichend Entspannung im Körper eingestellt hat.

Anspannung im Körper zeigt sich manchmal auch durch ein Stressempfinden, ein Kribbeln, unterschiedliches Kälte- und Wärmeempfinden. Alles ist erlaubt und kann auch während der Übung stattfinden. Die Körperentspannung ist eine Kombination aus Bodyscan, Vorstellungs- und Atemübungen. Es kann sein, dass Sie mit dieser Übung überhaupt nichts anfangen können. Dann schauen Sie nach anderen Entspannungsübungen, es gibt viele Möglichkeiten. Auch für Sie wird etwas dabei sein.

Lebensthemen

Die meisten Menschen haben Themen, mit denen sie immer wieder beschäftigt sind. Sie können sich mehr oder weniger belastet im Umgang damit fühlen. Die Grundthemen der Lebensprobleme beziehen sich fast immer auf folgende Bereiche:

- der eigene Körper, die Gesundheit
- Liebe und Verbindungen zu anderen Menschen
- Arbeit als Möglichkeit, sich aktiv zu betätigen und Dinge zu gestalten
- Sinn: das Leben in einen sinnstiftenden Kontext setzen zu können, Werte zu schaffen und so etwas zu hinterlassen
- Grenzen und Endlichkeit: Lebenszeit als begrenzter Zeitraum

In welchem Bereich lassen sich Ihre Themen bzw. Entwicklungsaufgaben einordnen? Kreisen Sie das Lebensthema ein.

Oft ist die Auseinandersetzung mit diesen Lebensthemen erst im Erwachsenenalter möglich. Dazu braucht es den Blick auf die eigenen Grundlagen der inneren Landkarte. Nur so wird deutlich, weshalb dieses oder jenes nun Thema ist. Die eigenen Lebensthemen können ebenso in frühen Erfahrungen wie in alten Familienregeln oder dem emotionalen Erbe unserer Vorfahren begründet sein. Vergangenes ist eben nicht vergangen, sondern prägt uns im Alltag. Entscheidend ist, wie man mit seinen Lebensthemen im Alltag umgeht. Lassen wir das Thema selbst entscheiden, befällt es uns vermutlich an unpassenden Orten und in unerwünschten Situationen.

Lebensthemen brauchen Akzeptanz und Aufmerksamkeit. Sie sind ein bisschen wie unerzogene Kinder. Deshalb lohnt es sich, ihnen Aufmerksamkeit zu widmen und sie so zu erziehen. Dabei ist es wichtig, eine gute Form der Aufmerksamkeit zu finden. Überlegen Sie sich gute Möglichkeiten, sich um die Themen zu kümmern. Ein Beispiel: Liegt Ihr Lebensthema im Bereich des Körpers und der Gesundheit, lohnt es sich, regelmäßige Vorsorgeuntersuchungen bewusst wahrzunehmen, Sport zu treiben und sich weitestgehend gesund zu ernähren. Legen Sie sich eine Tabelle an, wie Sie sich zukünftig gut um Ihre Lebensthemen kümmern wollen. Sie können immer wieder etwas nachtragen und neue Ideen ergänzen.

Lebensthema	Zukünftige neue Strategien

Falls Ihnen Ideen fehlen, können Sie gern auch Freunde, Kolleginnen, Familienangehörige oder andere Verwandte befragen. Jeder hat Lebensthemen und kann Ihnen deshalb auch ein paar Möglichkeiten für einen guten Umgang damit nennen. Es ist keineswegs ungewöhnlich, dass Lebensthemen neu auftauchen oder später im Leben an Bedeutung gewinnen. Das Thema »Grenzen und Endlichkeit« z. B. bestimmt oft den letzten Lebensabschnitt oder wird erst durch eigene Erkrankungen wichtig.

Die gute alte Familie?

Die innere Landschaft ist übersät mit Prägungen und Reliefs, entstanden durch die Familie, in der man groß geworden ist. Fast immer gehören transgenerationale Besonderheiten, Gefühle und Regeln dazu. So ist es verständlich, dass diese hin und wieder auf Gültigkeit geprüft werden sollten. Regeln und Überlebenssätze sind meistens für die Person oder Familie gültig, die diese auch entwickeln musste. Das macht einen wesentlichen Unterschied. Diejenigen Familienmitglieder, die diese Regeln und Sätze weiterleben, spüren oft nur, dass es wichtig ist, dies zu tun. Oft wissen sie deren Bedeutung und Notwendigkeit nicht. Stattdessen spüren die Personen der späteren Generation nur inneren Stress, wenn Sie dagegen verstoßen haben. Dann erleben sie Unruhe und unangenehme Gefühle. Um diese gilt es sich im Einzelfall auch zu kümmern, doch dazu kommen wir später.

Im Kapitel »Meine Familie« (siehe S. 79 ff.) sind wir auf frühere Themen eingegangen. Genauso haben die Fragen nach den Eltern Ihrer Eltern (in den jeweiligen Abschnitten zu Vater und Mutter) vermutlich bedeutsame Familienthemen offenbart. Stöbern Sie auch noch mal bei dem »Beziehungsrucksack« (siehe S. 144 ff.), denn auch da gibt es einiges zu entdecken. In den Ausführungen zum »Erbschaftsglück« (siehe S. 139 ff.) finden Sie Dinge, die Sie geerbt haben.

Lassen Sie uns jetzt eine Inventur all dessen machen, was unangenehme Gefühle oder Stress auslöst.

Unterstreichen oder umkreisen Sie alle Sätze, Familienregeln und Erbschaften, die unangenehme Gefühle oder Stress in Ihnen auslösen. Um das herauszufinden, lesen Sie sich die Sätze vor und hören Sie gut hin. Spüren Sie dem, was Sie hören, einen Moment nach. Löst das Gehörte Stress und schmerzhafte Gefühle aus, notieren Sie das hier.

Sortieren Sie Ihre Notizen nach ihrer Bedeutung. Zählen Sie die Notizen durch. Haben Sie zehn Dinge gefunden? Dann vergeben Sie nun Zahlen zwischen 1 und 10. Haben Sie sieben Sachen entdecken können, vergeben Sie Zahlen zwischen 1 und 7.

Schreiben Sie nun die höchste Zahl an die Notiz, die den meisten Stress auslöst. Die niedrigste Zahl, nämlich 1, bekommt der Satz oder die Regel, der oder die am wenigsten Stress oder unangenehme Gefühle bei Ihnen aktiviert.

Prüfen Sie die Regeln noch mal. Kümmern müssen wir uns meistens um die Erbschaften, Sätze oder Vorschriften, die in der oberen Hälfte der Belastung liegen – also bei den höheren Zahlen. Um die weiteren Übungen auszuprobieren, gibt es zwei Wege: Sie sind mutig und wollen es wissen? Dann beginnen Sie mit den hohen Zahlen. Sind Sie eher achtsam und möchten dabei etwas verstehen? Dann beginnen Sie mit den Notizen der unteren Zahlen. Nun heißt es Abschied nehmen. Abschiede sollten gestaltet werden, indem man Rituale findet. Das kann ein Ballon sein, den Sie beschriften mit dem Satz, der Regel, die Sie gehen lassen mögen. Oder eine Kiste, in die Sie symbolische Dinge oder ein Erbe legen und die Sie dann vergraben oder dem Wasser überlassen. Es gibt viele Möglichkeiten. Je tatkräftiger Sie ein Ritual durchführen, umso besser merken sich der Körper, das Gehirn, die Gefühle und Gedanken dies. Dann haben alle Instanzen dieselbe Information und geben Ruhe.

Loslassen und sich verabschieden

Um sich diesem Prozess zu stellen, gilt es, sich bewusst zu machen, dass es ein Prozess ist, der immer auch mit Schmerzen und Traurigkeit einhergeht. Traurigkeit kann auftauchen, wenn einem die Umstände noch mal deutlich werden, unter denen man diese Gefühle für sich entwickeln musste. Unsicherheiten können entstehen, denn Regeln geben Struktur und Sicherheiten. Diese fehlen vielleicht erst einmal, und ein Verlust wird spürbar. Abschied kann sich aber auch gut anfühlen und erleichtern. Der Eindruck, von einem ungeliebten Erbe erlöst zu sein. Alles ist erlaubt. Lesen Sie sich deshalb das, was Sie loslassen wollen, noch mal laut vor, und hören Sie hin. Folgende Schritte sind wichtig für das Loslassen. Gestalten Sie jeden Schritt ganz bewusst für sich. Schreiben Sie Ihre Anmerkungen in der folgenden Reihenfolge auf ein Blatt Papier.

Notieren Sie handschriftlich den Satz, die Regel, das Erbe, das Sie loslassen wollen.

Ordnen Sie diesen der Person bzw. Generation zu, für die der Satz, die Regel oder das Erbe bedeutend war.

Würdigen Sie die Bedeutung, indem Sie diese noch mal aufschreiben. Warum war es für die Generation bzw. Person so bedeutsam, die Regel, den Satz, die Vorstellung zu haben?

Schreiben Sie dazu, warum das alles für Sie keine Bedeutung (mehr) hat.

Verabschieden Sie sich mit einer Abschiedsformel.

Schreiben Sie nun die Veränderung auf, die Sie damit verbinden, wenn Sie loslassen.

Unterschreiben Sie Ihre Notizen und falten Sie das Blatt zusammen, z. B. zu einem Brief, einem Boot.

Adressieren Sie entweder den Brief an die Person/Familie, zu der Sie das Erbe / die Regel zurücksenden wollen, und stecken Sie ihn in den Postkasten. Oder setzen Sie das gefaltete Boot ins Wasser. Sie können das Blatt auch verbrennen oder an einen Ballon binden und aufsteigen lassen.

Es gibt viele Möglichkeiten, ein Abschiedsritual zu finden. In dem Moment, in dem Sie alles aufgeschrieben haben, überlegen Sie sich eine angemessene Handlung. Schritt für Schritt den Prozess ganz aufmerksam zu gehen hilft, sich zu lösen. Erkennen Sie unangenehme Gefühle an, die damit einhergehen können. Erlauben Sie sich aber auch die angenehmen. Suchen Sie Möglichkeiten zum Gespräch mit anderen Menschen, um sich auszudrücken. Geben Sie sich selbst emotionale Unterstützung und bringen Sie sich Wohlwollen entgegen, wenn es beim ersten Versuch nicht funktionieren sollte.

Falls Sie spüren, dass Sie etwas noch nicht loslassen können, versuchen Sie herauszufinden, weshalb es wichtig ist, daran festzuhalten. Manchmal ist es auch einfach noch nicht der richtige Zeitpunkt. Gehen Sie selbst und überlassen die Dinge dem Schicksal? Es könnte ja sein, dass jemand anderes mit dieser Regel, dem Erbe oder der Vorschrift etwas anfangen kann. Unsere Biografie ist geprägt von Wechseln, Veränderungen und Neubeginnen. Dafür brauchen wir Freiraum und Platz. Oder verabschieden Sie die Dinge und geben Sie sie dahin zurück, woher Sie gekommen sind? Je nachdem, was sich für Sie besser anfühlt und praktikabler ist, tun Sie es bewusst. So lernen Sie loszulassen.

Nein, danke!

Zum Prozess des Loslassens gehört auch das Abgrenzen und Neinsagen. Natürlich grenzen wir uns bereits dadurch ab, dass wir die Regeln und Sätze zurückgeben an die Personen, für die sie eine Bedeutung haben. Das Abgrenzen beinhaltet immer auch ein »Für mich ist es nicht das Richtige«. Und das, ohne dass Sie wirklich »Nein« gesagt haben. Einen Satz mit einer großen Botschaft haben Sie vermutlich schon mal gehört: »Ein Nein zu anderen ist ein Ja zu mir selbst.« Selbstbehauptung geht damit einher, dass wir uns abgrenzen und behaupten müssen. Viele Menschen sagen Ja, weil sie glauben, sich so vor schlechten Bewertungen oder Schuldgefühlen zu schützen. Scheinbar für den Moment ist Schutz gewonnen, aber ein nicht gesagtes Nein heißt auch immer, dass Sie etwas verloren haben (z. B. Lebenszeit oder Energie und Spaß).

Abgrenzen und Neinsagen sind Selbstbehauptungsstrategien. Wir sollten regelmäßig für uns sorgen, damit wir uns im Alltag behaupten können. Wenn Sie also beim nächsten Mal Nein sagen, geben Sie acht auf Ihr Denken. Lenken Sie es zu dem, was Sie durch das Nein gewonnen haben. Machen Sie schon mal probehalber eine Liste von Dingen, zu denen Sie Nein sagen können und vielleicht auch bald wollen.

Dinge, zu denen Sie Nein sagen können:

- **einem Vertreterbesuch an der Tür**
- **dem Nachbarn die Zeitung mitbringen**
- **dem Kollegen bei der Arbeit aushelfen und dadurch Überstunden machen**
- **einer Bekannten fünf Euro leihen**
- . . . .
- . . . .
- . . . .
- . . . .

Probieren Sie sich erst einmal an den fast unverschämten Bitten anderer Menschen. Damit sind solche gemeint, die Sie innerlich schon ein bisschen ärgern. Ärger kann sehr hilfreich sein, wenn man ihn für sich nutzt. Üben Sie, Nein zu sagen, als würden Sie innerlich die Einkaufsliste aufzählen. Je selbstverständlicher das Nein klingt, umso überzeugender sind Sie damit. Und denken Sie auch daran: »Wenn man Nein sagt, heißt das auch Nein.«

Was gewinnen Sie für sich, wenn Sie zu den Dingen, die Sie oben aufgelistet haben, Nein sagen? Brauchen Sie ein paar Ideen? Einige habe ich schon vorbereitet:

- **mehr Zeit für sich**
- **weniger Diskussionen**
- **Respekt und Achtung**

- . . . .
- . . . .
- . . . .
- . . . .
- . . . .

Diese Liste dürfen Sie fortführen. Vielleicht haben Sie irgendwann, wenn Sie oft genug Nein gesagt oder sich abgegrenzt haben, doch wieder Lust, etwas für andere zu tun. Genau dieser Effekt stellt sich nämlich nach einem Prozess gesunder und wohlwollender Selbstbehauptung ganz von allein ein.

Neue Sätze und Regeln für sich finden

Bilanzen verschaffen Klarheit. Klarheit darüber, wovon wir Abschied nehmen können. Für Dinge, die wir verabschiedet haben, brauchen wir aber einen Ausgleich. Das kann auch vorerst ein neues (Lebens-)Gefühl sein. Erleichterung und Freiheitserleben brauchen unmittelbar noch keine neuen Gedanken, sie fühlen sich einfach wunderbar an. »So soll es auch bleiben«, denken Sie vielleicht in diesem Zusammenhang. Siehe da, ein erster Gedanke ist also doch da. Ein zweiter lautet vielleicht: »Ich möchte frei sein und mich gut fühlen.«

Sätze, die Sie loslassen, Regeln, von denen Sie sich verabschieden, ein Erbe, das sie zurückgeben – all das macht Platz für etwas Neues. Sie können das Neue mitgestalten und andere Gedanken innerlich eintrainieren. Das sollten unterstützende Gedanken sein. Sätze bestehen auch aus Gedanken, genau wie Regeln. Daher lohnt es sich, bewusst auf die Suche nach alternativen Gedanken zu gehen.

Vielleicht hilft Ihnen Ihr Ziel oder Ihre Entwicklungsaufgabe dabei? Notieren Sie sich Ihr Ziel bzw. Ihre Entwicklungsaufgabe hier noch einmal.

Was möchten Sie für sich erreichen?

. . . .

. . . .

Diese Formulierung ist nun der Ausgangspunkt für die neuen Sätze, Gedanken oder Regeln. Die folgenden Fragen unterstützen Sie dabei herauszufinden, aus welchem Bereich die neuen Gedanken hilfreich und unterstützend sind. Formulieren Sie ruhig auch mal zwei oder drei Sätze zu den einzelnen Bereichen. So haben Sie mehr Auswahl. Beispielantworten sind ergänzt.

Ermutigung und Zuversicht Mit welchem Satz können Sie sich selbst ermutigen?

Ich habe schon viel geschafft.

. . . .

Wie wurden Sie als Kind früher ermutigt und ermuntert?

Probier es aus, es wird schon gut werden.

. . . .

Kraft und Energie Welche Gedanken geben Ihnen Kraft für Ihr Vorhaben?

Immer langsam mit der Kraft.

. . . .

Was können Sie sich sagen, wenn Sie Energie brauchen?

Kleine Schritte verändern viel.

. . . .

Selbstwirksamkeit/Selbstwert Welche positiven und angenehmen Gedanken über sich selbst kennen Sie?

Ich bin mutig und stark.

. . . .

Wenn Sie im Alltag oder Leben etwas geschafft haben, was sagen Sie dann zu sich?

Ich kann Dinge auch mal ganz allein erreichen.

. . . .

Formulieren Sie einen angenehmen Gedanken, der würdigt, dass Sie sich auf den Weg zu Veränderungen gemacht haben.

Der Weg entsteht beim Gehen, und ich habe begonnen zu gehen.

. . . .

Belohnung Wie lautet ein Belohnungsgedanke?

Wenn ich ... erreiche, fühle ich mich richtig gut.

Lesen Sie sich Ihre Antworten und Gedanken laut vor, hören Sie genau hin und spüren Sie nach, was das Gehörte auslöst. Ist es ein angenehmes Gefühl, eine angenehme Vorstellung? Dann sind diese Gedanken hilfreich. Finden Sie ein Ritual, bei dem Sie die neuen Gedanken immer wieder laut aussprechen und so einüben. Das klingt ein wenig wunderlich, aber all die verstaubten Sätze und Regeln haben Sie vermutlich auch viele, viele Male gehört, ehe Sie diese verinnerlicht haben. Denselben Weg müssen nun auch die hilfreichen Gedanken nehmen.

Etwas mehr über Gefühle

Sie haben vermutlich das Bild der inneren Landschaft noch gut in Erinnerung. Landschaften werden durch die Gezeiten mitgestaltet. Gefühle können Spuren in Landstrichen hinterlassen und ihnen so einen typischen Ausdruck geben. Es gibt viele Gefühle. Dazu gehören neben den Klassikern wie Angst, Ärger, Überraschung, Freude und Traurigkeit auch Mut, Neid, Ekel, Zuversicht, Scham, Eifersucht, Schuld und viele mehr. Eines haben Gefühle oft gemeinsam, wenn sie eine Landschaft mitgestalten: Sie sind meist zu intensiv und heftig. Für diese mächtigen Gefühle braucht es Strategien. Zwei davon sind mittlerweile schon sehr bekannt, weil sie gut helfen, mit Gefühlen umzugehen.

Gefühle kommen wie eine große Welle, und dann beginnt das Emotionssurfing. Es geht darum, das Gefühl zu nehmen wie eine Welle. Beim Wellenreiten müssen Sie entscheiden und versuchen, mit ihrem Surfbrett auf der Welle zu bleiben. Dann werden Sie unbeschadet an den Strand herangetragen. Sie brauchen nichts zu tun, außer für Gleichgewicht zu sorgen und ein wenig Spaß zu haben. Probieren Sie die Übung erst mal mit einem angenehmen Gefühl.

Die meisten Menschen glauben, man muss mit jedem Gefühl sofort ins Handeln kommen. Das ist so nicht korrekt. Gefühle finden in uns statt – so wie im Meer auch Wellen entstehen und sich wieder legen. Es heißt also, das Gefühl zu akzeptieren,

wie man die Wellen im Meer akzeptiert. Es braucht keine Fragen, Erklärungen oder Handlungen, sondern die Entscheidung, weder dem Handlungsimpuls noch dem Gefühl nachzugeben. Das Gefühl wird betrachtet, wie es kommt und etwa nach einer Viertelstunde wieder geht und sich langsam zurückzieht. Dann kann eine neue Gefühlswelle kommen und auch wieder gehen. Vielleicht wird man ein wenig nass, doch das ist normal beim Wellenreiten.

Diese Übung lässt sich gut mit einer Achtsamkeitsübung kombinieren. Die Achtsamkeitsübung können Sie auch ohne das Emotionssurfing nutzen. Das reicht oft aus bei Gefühlen, die nicht ganz so intensiv sind, bei denen Sie aber wissen wollen, was los ist. Es geht also darum, Gefühle wahrzunehmen und zu beobachten. So lernen Sie diese kennen. Dadurch eröffnen sich oft Möglichkeiten der Einflussnahme.

Gefühle wahrnehmen lernen **Setzen Sie sich wieder entspannt hin und spüren Sie dem Gefühl nach, das gerade in Ihnen z. B. durch eine Erinnerung, einen Gedanken, ein Ereignis aufgetaucht ist. Versuchen Sie, folgende Fragen schriftlich zu beantworten. Sie brauchen sich dabei nicht an die Reihenfolge zu halten.**

Was war das auslösende Ereignis für Ihr Gefühl (wer, was, wann, wo)?

. . . .

Mit welchen Gedanken haben Sie vermutlich das Gefühl hervorgerufen bzw. beeinflusst?

. . . .

Welche körperlichen Veränderungen gehen damit einher?

. . . .

Was haben Sie in der Situation getan?

. . . .

Oder welchen Handlungsimpuls hatten Sie?

. . . .

Was für ein Bedürfnis steckt hinter Ihrem Gefühl?

. . . .

Wie haben Sie sich zu Ihrem Gefühl verhalten?

. . . .

Welches Gefühl haben Sie wahrscheinlich gespürt?

. . . .

Wie intensiv hat sich das Gefühl für Sie angefühlt? Leicht, mittel, mäßig, stark, sehr stark, maximal intensiv?

. . . .

Beide Übungen zusammen sind sehr effektiv. Sie haben ihren Ursprung in einer sehr wirkungsvollen Therapiemethode: der Dialektisch-Behavioralen Therapie (z. B. Bohus u. Wolf-Arehult 2018). Je mehr Strategien Sie üben, umso mehr geben Sie der inneren Landschaft neue Züge.

Sich trösten, Mitgefühl, Versöhnen und Verzeihen lernen

Jede Beziehung, die Sie im Laufe des Lebens eingehen oder bereits eingegangen sind, wird sich irgendwann verändern. Neue Anforderungen und Veränderungen aufseiten des Gegenübers – z. B. durch dessen Weiterentwicklung – fordern uns auf, uns neu auszurichten. Genauso verhält es sich auch mit der Beziehung, die wir zu uns selbst führen. Das klingt vielleicht ungewöhnlich. Doch trotzdem: Wie wir mit uns, unserem Körper, unserer Gesundheit, unserem Wohlergehen, unseren Gedanken und Gefühlen umgehen, ist ein Ausdruck für die Beziehung, die wir zu uns selbst pflegen. Oder auch nicht. Wohl alle Menschen kennen selbstschädigende Verhaltensweisen.

Zu viel Kaffee, zu viel Alkohol, hier noch eine Zigarette, spät nachts an der Steuererklärung schreiben und vieles mehr. Und wissen Sie was? Jahrelang macht unser Körper auch das mit. Er ist bei uns und gibt, was er kann. Er unterstützt mit seinen Möglichkeiten, versucht, uns keine Probleme zu machen. Das innere Gleichgewicht herzustellen, egal wie wir mit uns umgehen, gelingt lange.

Werden die selbstschädigenden Verhaltensweisen zu massiv und häufig, richtet das in jedem System Schaden an. Intensive Selbstabwertungen, gar bewusste Selbstschädigungen, z. B. durch den Entzug von Nahrung, hinterlassen in uns Kraterlandschaften und Wüsten. Mit diesen wiederum wollen wir uns am liebsten gar nicht beschäftigen. Trotzdem heißt Selbstfürsorge und Selbstmitgefühl, dass Sie nun für Ihre Kindheitsverletzungen sorgen. Sich der Vergangenheit zuwenden und spüren, was es dringend braucht, um Verletzungen zu heilen, ist wichtig.

Pflegen Sie die kargen Landschaftszüge in sich. Werden Sie Ihr eigener Gärtner, Ihre eigene Gärtnerin. Manche Pflänzchen sind recht genügsam. Trockene Flecken hingegen brauchen uns auf wohlwollende Art und Weise. Bevor wir etwas Neues wachsen lassen können, will der Schaden, der durch uns oder andere entstanden ist, betrauert werden. Sich selbst gegenüber Trost aufzubringen ist eigentlich ganz leicht. Schauen Sie in den Trostkasten im folgenden Abschnitt. Sie werden merken: Es sind die kleinen Dinge, mit Wohlwollen entgegengebracht, die sich im Trostsuchen gut anfühlen.

Trost

Wir können uns selbst trösten. Trösten dafür, dass es so war, dass wir uns so gegenüber uns selbst verhalten haben, dass andere solche schmerzhaften Spuren hinterlassen haben. Wir haben eine Beziehung zu uns selbst, also können wir uns auch trösten. Was hilft, wenn man sich trösten möchte? Sie brauchen eine wohlwollende Einstellung zu sich. Akzeptieren Sie Stärken und Schwächen ebenso wie die Kraterlandschaften und emotionalen Wüsten oder die Versehrtheit, die entstanden ist. Nur mit wohlwollender Haltung ist Trost auch tröstlich. Was können Sie tun, um sich (und auch andere) zu trösten?

TROSTKASTEN

Nehmen Sie sich Zeit für Trost. Seien Sie einfach für sich da. Reden ist Silber und Schweigen Gold. Das Da-Sein für sich lässt sich auch mit einer Selbstumarmung verbinden – in der eigenen Vorstellung oder ganz real (verschränken Sie die Arme vor Ihrem Oberkörper und geben Sie sich Halt). Umarmungen schenken uns gute Gefühle. Geborgenheit, Zuversicht und sich gesehen fühlen, das brauchen wir alle. Lassen Sie Gedanken weg, die sagen wollen, »Nicht so schlimm«. Empfinden Sie stattdessen das »Schlimme« mit. Halten Sie die unangenehmen und schmerzhaften Gefühle und Gedanken aus. Mitfühlen und Mitgefühl sind Balsam für die Seele. Beides ist so ehrlich wie wir in Momenten, in denen wir Trost und Ehrlichkeit brauchen. Im Alltag wird so viel hinterfragt, dass Momente des Trostes mal Stille brauchen. Weinen, Gefühle und Gedanken dürfen sein und sind notwendig. Bleiben Sie auch in Zukunft bei sich. Versprechen Sie sich zu probieren, besser auf sich zu achten. Unterstützen Sie sich, wo und wann immer Sie können. Das kann auch bedeuten, sich Hilfe zu holen.

Mitgefühl und Selbstmitgefühl sind neue Bewegungen in der Psychotherapie. Doch auch außerhalb der Therapie sind sie wichtig. Woraus besteht Selbstmitgefühl? Aus der Idee, dass wir zu uns selbst eine Beziehung haben, die sich in vielen Verhaltensweisen und Sätzen, die wir uns gegenüber immer wieder verwenden, ausdrücken. Wie wir mit uns selbst umgehen, ist meist etwas, das wir übernehmen. Die meisten Menschen gehen so mit sich um, wie mit ihnen (als Kind) umgegangen wurde. Ohne viel nachzudenken, übernehmen wir das, was uns nahe Bezugspersonen, Eltern und Geschwister entgegengebracht haben. Einiges davon konnten Sie in den vorangegangenen Kapiteln entdecken.

Natürlich nehmen wir auch schlechte Angewohnheiten an, und nicht immer trägt irgendjemand dafür Verantwortung – außer uns selbst. Prüfen Sie ruhig mal Ihre Gedanken, die Sie sich gegenüber aufbringen. Beschimpfen Sie sich oft selbst? Oder ermutigen Sie sich? Sind Sie streng mit sich, weil Sie glauben, sonst »vor Faulheit umzukommen«? Haben Sie gar keine Meinung zu sich und wollen am liebsten gar nichts mit sich zu tun haben? Nervt Ihr Körper Sie nur und soll er endlich aufhören, »Probleme« zu bereiten? Sie ahnen schon, das ist nicht die beste Haltung sich selbst gegenüber.

Sie brauchen das Gegenteil. Wenn Sie bisher nicht freundlich und wohlwollend mit sich waren, beginnen Sie, einen freundschaftlichen Kontakt zu sich, Ihrem Körper, Ihren Gedanken und Gefühlen aufzubauen. Seien Sie sorgsam mit sich, denn auch Sie haben Grenzen. Fehler, Schwächen und Grenzen gestehen Sie vermutlich Freunden und anderen Menschen zu. Was macht Sie denn anders? Nichts. Sie sind ein Mensch und sollten sorgsam und wohlwollend mit sich sein. Ihr Körper, Ihre Gefühle, Ihre innere Landschaft werden es Ihnen danken und Freude, Wohlgefühl und Zuversicht zum Ausdruck bringen. Es ist aber auch ein guter Anfang für eine neue Freundschaft zu sich und dafür, dem Körper zu danken.

Wofür können Sie Ihrem Körper dankbar sein?

. . . .

. . . .

. . . .

. . . .

Wofür können Sie selbst sich dankbar sein?

. . . .

. . . .

. . . .

. . . .

Welche Möglichkeiten gibt es, sich selbst gegenüber die Dankbarkeit konkret zum Ausdruck zu bringen?

. . . .

. . . .

. . . .

. . . .

Falls Ihnen hier nichts einfällt, schauen Sie mal weiter im Text. Eine freundschaftliche Beziehung zu sich selbst zeigt sich in selbstfürsorglichen Verhaltensweisen.

Selbstfürsorge meint auch Verhaltensweisen, die Freude auslösen: Pausen und Zeiten für Erholung sowie sportliche Aktivitäten einzuplanen und regelmäßig im Leben zu etablieren. Das zeigt sich auch in einer größeren Resilienz. Schauen Sie deshalb ruhig im Anhang unter »Resilienzförderndes Verhalten« (siehe S. 222) nach. Das sind die Grundlagen, die gleichzeitig auch selbstfürsorgliches Verhalten darstellen. Dies ist der Anfang und kann gern weiterentwickelt werden. Mögen Sie eine kleine Übung ausprobieren? Sie dauert nur drei Minuten.

Setzen Sie sich für einen Moment ganz gerade und aufrecht hin. Nehmen Sie zwei, drei, vier tiefe Atemzüge und schenken Sie sich und Ihrem Innersten ein Lächeln. Ein Lächeln, wie Sie es Menschen entgegenbringen, die Sie wirklich gern mögen. Ein Lächeln, das sich bis in den Augenwinkeln wiederfinden lässt und einen warmherzigen Blick entstehen lässt. Erlauben Sie sich, mit einer warmen und weichen Stimme etwas Nettes zu sich zu sagen. Das kann ein einfacher Satz sein wie »Ich bin gut, wie ich bin« oder »Ich mag mich«, »Ich freue mich an mir«. Einfach nur so. Wiederholen Sie diesen Satz mit einem Lächeln und einem warmherzigen Blick und hören Sie die weiche Stimme diesen freundlichen Satz sagen.

Lassen Sie diese Erfahrung nachklingen und spüren Sie dem Gefühl in Ihrem Körper nach.

Diese Übung ist klein und unglaublich wirkungsvoll. Ganz Mutige dürfen sich dabei im Spiegel ansehen. Probieren Sie es ruhig mal aus. Diese Übung können Sie einmal am Tag machen. Drei Minuten lassen sich immer finden. Sogar in der U-Bahn. Niemand weiß, woran Sie denken, wenn Sie in sich hineinlächeln. Versuchen Sie, die eine oder andere Verhaltensweise fest im Alltag zu verankern, und spüren Sie dem Effekt ganz bewusst nach. Seien Sie stolz auf sich und fühlen Sie sich wohl in Ihrem Körper, verzeihen Sie sich kleine Fehler und Schwächen – dann ist das genau die Haltung von (Selbst-) Mitgefühl, die Sie brauchen.

Welche Möglichkeiten der Selbstfürsorge wollen Sie zukünftig mehr oder stärker umsetzen?

Denken Sie an eine gute Freundin. Was tut diejenige für sich? Was davon können Sie übernehmen?

Wie pflegen Sie Ihren Körper, Ihre Gefühle, Ihre seelische Verfassung?

Manches will nicht so recht gelingen? Vielleicht ist genau das Ihre Entwicklungsaufgabe. Mehr Selbstfürsorge und Selbstmitgefühl? Das wäre ganz wunderbar.

Ja, wir haben Stärken und Schwächen. Und jeder Tag ist anders. Es gibt Tage, da klappt es ganz wunderbar. Dann folgen wiederum Zeiten, in denen nichts davon so recht gehen will. Ihr Körper verzeiht es Ihnen vermutlich, wenn Sie ihm gegenüber wohlwollend und freundschaftlich sind. Und Sie?

Versöhnen und verzeihen

Wir sollten verzeihen, vergeben und uns versöhnen können, um das Band zu uns und unseren Mitmenschen halten zu können. Menschen machen Fehler, haben Schwächen, sind keineswegs immer korrekt. Natürlich löst das auch bei uns Kränkungen, Ärger und Wut aus. Wollen wir daran verbittern?

Nein, denn auch wir sind nicht perfekt. Unser Unperfektsein zeigt sich im Alltag, in unserem Verhalten uns gegenüber. So ist es dann doch das Zuviel an Arbeit oder der eine selbstbeschimpfende Gedanke, der uns vermutlich begleiten wird. Entscheidend ist, uns das zu verzeihen, uns das zuzugestehen und zu akzeptieren. Wir sind auch nur Menschen, so wie unser Gegenüber ein Mensch ist.

Wie verzeiht und wie versöhnt man sich?

Um verzeihen zu können und sich später auch versöhnen zu wollen, ist es wichtig, sich bewusst zu machen, dass beides immer am Ende eines Prozesses steht. Ist er gelungen, haben wir verziehen. Haben wir verziehen, beginnt nun der Prozess der Versöhnung und des Aufeinanderzugehens. Etwa auf der Mitte dieses Weges können wir vorsichtig davon sprechen, uns versöhnt zu haben. Versöhnen muss man sich manchmal auch mit dem Schicksal, der eigenen Kindheit, den Bedingungen, die einen umgeben. Meist versöhnen wir uns dann aber mit uns selbst.

★★★★ Ärger, Groll, Rachegelüste, Verbitterung schaden uns langfristig

Für beide Prozesse brauchen Sie eine wohlwollende Haltung dem anderen gegenüber. Sie haben sich vorher vermutlich lange um das eigene Leid und den entstandenen Schaden gekümmert. Etwas fehlt noch. Das zeigt sich darin, dass Ärger, Groll, Rachegelüste, Kränkung oder gar Verbitterung in Ihr Leben Einzug gehalten haben. Diese Gefühle lange zu empfinden, schadet uns. Es hindert uns, angenehme Gefühle wie Freude, Lust, Spaß und Wohlbefinden zu spüren und dafür aufmerksam zu sein. Machen Sie sich das bewusst. Genauso führen die schadvollen Gefühle immer wieder dazu, dass dieselben Gedanken auftauchen. Das stimmungsabhängige Erinnern sorgt dafür. Sie haben also gar keinen wirklichen Einfluss, denn die Gefühle haben die Lenkung übernommen.

Entscheiden Sie sich wieder für sich. Erlauben Sie sich und anderen Fehler? Dann nehmen Sie Ihr Leben wieder in die Hand. Sorgen Sie für Ihre Seele, indem Sie versuchen, den Schaden in Ihnen klein zu halten. Wenden Sie sich den positiven Dingen der Person zu, der Sie verzeihen wollen. Verzeihen wollen ist immer auch eine Entscheidung für sich. Eine starke Entscheidung, denn: »Der Schwache kann nicht verzeihen. Verzeihen ist die Eigenschaft des Starken« (Mahatma Gandhi). Folgende Schritte machen Sie stark und bringen Sie dem Verzeihen näher.

Überlegen Sie sich, wem Sie verzeihen mögen, und schreiben Sie sich den Namen der Person auf. Wenn Sie sich selbst verzeihen wollen, schreiben Sie »mir«.

Versuchen Sie herauszufinden, was genau Sie verzeihen wollen. Was gibt es wirklich zu verzeihen?

Schreiben Sie sich die Situation oder den Moment, der Schaden und Verletzung in Ihnen ausgelöst hat, genau auf.

Schauen Sie auf das, was Sie geschrieben haben, und lesen Sie es sich wieder laut vor. Was löst diese Geschichte in Ihnen aus? Gefühle von Trauer, Wut, Angst sind normal. Schreiben Sie auch das auf.

Mit welchen Ritualen können Sie das Verzeihen unterstützen? Sind aus der Übung »Loslassen« (siehe S.196 f.) vielleicht ein paar Ideen für Sie dabei?

Wenden Sie Ihren Blick auch auf die Person, der Sie verzeihen wollen. Brauchen Sie ein Gespräch? Gibt es dort eine andere und neue Sichtweise zu entdecken? Notieren Sie diese hier.

Was ist Ihnen im Leben wirklich wichtig? Worauf möchten Sie im Miteinander und für sich selbst achten? Notieren Sie das.

. . . .

. . . .

Welche Verhaltensweisen und Handlungen brauchen Sie, um das zu zeigen, was Ihnen wirklich wichtig ist? Machen Sie sich eine kleine Liste.

. . . .

. . . .

Probieren Sie Handlungen und Verhaltensweisen einfach mal wieder aus. Keine Veränderung ohne Veränderung.

. . . .

. . . .

Bei all dem braucht es Mut und die Bereitschaft, sich auf den Prozess einzulassen. Sie haben viel Achtung und Respekt dafür verdient, dass Sie sich auf den Weg machen. Das ist das, was zählt. Es gibt auch Ausnahmen, und sich zu verzeihen, an einer vermutlich notwendigen Ausnahme festzuhalten, kann sehr wichtig sein.

Verzeihen und Versöhnen sind zwei unterschiedliche Handlungen. Es ist möglich, dass Menschen sich verzeihen, doch sie müssen sich nicht miteinander versöhnen. Sie können sich etwas verzeihen und wieder Frieden mit sich finden. Versöhnen ist immer dann sinnvoll, wenn Sie wieder Kontakt zu dem Menschen aufnehmen und halten wollen. Dafür kann es auch gut sein, sich bewusst zu machen, was Ihnen fehlt, wenn die Person nicht Teil Ihres Lebens ist. Sie können ebenso überlegen, was Sie von der gemeinsamen Verbindung auch für sich Gutes haben. Das hilft, sich anzunähern. Vorsichtige Annäherungsschritte gehören zum Prozess des Versöhnens.

Zum Thema »Autopilot« (siehe S. 132 f.) haben Sie schon einiges lesen können. Auch Sie haben so einen Autopiloten in sich. Wenn er aktiviert ist, sind wir meist wenig einfühlsam und mitfühlend. Wir handeln automatisch. Versuchen Sie, den Autopiloten auszuschalten, denn er sammelt meist neben den scheinbaren Erfolgen auch Ärger, Kränkung, Groll und Verbitterung ein.

Ihre Mitmenschen spüren nämlich, dass Sie auf Autopilot sind und kaum noch Aufmerksamkeit für sich und andere haben.

Lernen Sie, den kindlichen Autopiloten zu lenken. Wohin? Finden Sie Lebensbereiche, in denen Sie ein bisschen vom Autopiloten ausleben können, ohne sich selbst Schaden zuzufügen. Den »großen Bruder« können Sie beispielsweise gut in der ehrenamtlichen Tätigkeit für Jugendliche im eigenen Stadtteil nutzen. Da wird er vermutlich recht beliebt sein. Die »Mediatorin und Vermittlerin« könnten Sie gut im beruflichen Bereich tätig sein lassen. Eine Zusatzausbildung dazu gibt Ihnen meist die Anerkennung, das tun zu dürfen. Dankbarkeit garantiert.

Sicherheiten suchen

Suchen Sie nach Sicherheiten. Das können Situationen im Leben sein, die Sie gemeistert haben. Schauen Sie auf Ihre Rüstzeugliste (siehe S. 65), die Sie sich erarbeitet haben. Ziele lassen sich durch gute Planung erreichen. Planen Sie deshalb auch, sich an die richtigen Dinge zu erinnern, statt in den emotionalen Film der Verunsicherung einzusteigen.

Machen Sie sich bewusst, dass aus neuen Erfahrungen neue Stärken resultieren. Die Fähigkeit, sich zu verändern, liegt in jedem von uns. Es kostet oft mehr Kraft, ihr zu widerstehen. Eine neue Lebenssituation aktiviert fast immer Eigenschaften, die vorher nicht lebbar waren. Wir alle verfügen über Eigenschaften, die im Verborgenen liegen. In der bisherigen Lebenssituation war es nicht notwendig, sie anzuwenden. Trotzdem sind sie da. Es ist ein bisschen wie Fahrrad fahren: Sie haben es mal gelernt, und selbst wenn Sie jahrelang nicht Fahrrad gefahren sind, werden sich Ihr Körper und Gehirn schnell daran erinnern, wenn Sie auf einem sitzen. Vermutlich brauchen Sie ein paar Minuten, um sich wieder sicher zu fühlen, aber das ist doch okay.

Machen Sie unbedingt Fehler!

In der heutigen Zeit wird viel Wert auf Erfolg und Weiterentwicklung gelegt. Dafür sind Fehler notwendig, denn ohne Fehler kein echtes Lernen. Je früher wir lernen, Fehler als natürlichen Prozess des Lernens zu akzeptieren, desto besser können wir mit ihnen umgehen. Fehler machen ist wie das Immunsystem früh zu trainieren: je eher, desto besser. Planen Sie Misserfolge und Scheitern einfach ein. Fehler machen und Scheitern fördert die Kreativität. Wenn uns etwas auf diesem Weg nicht gelingen will, aktiviert das Prozesse, die uns motivieren. So können wir uns Gedanken machen, wie/ob es anders möglich ist, das Ziel zu erreichen.

Aktivieren das Scheitern und Fehlermachen jedoch unangenehme Gefühle, sind wir meist auch unmotiviert und blockiert. Motivation entsteht vor dem Hintergrund angenehmer Gefühle. Diese wollen wir immer wieder erreichen. Fehler und das eigene Scheitern wieder aus dem Weg räumen zu können, macht auch stolz und zufrieden. Perfekt ist zum Glück niemand, und alle machen Fehler. Seien Sie neugierig und erlauben Sie sich Fehler, denn sie enthalten immer auch die Chance auf Neues.

Welche der Übungen aus diesem Kapitel sind für Ihr Vorhaben und Ihre Weiterentwicklung wichtig?

. . . .

. . . .

Eine Frage zum Schluss

Nun haben Sie vermutlich viel in diesem Buch geschrieben, gezeichnet, gemalt, angestrichen, Ecken eingeknickt, und vielleicht sind Kaffee- oder Teekleckse zwischen die Seiten gekommen. So ist dieses Buch zu Ihrem Buch geworden. In diesem Buch sind Ihre Muttermale und Vaters Spuren enthalten. Eine letzte Frage erlaube ich mir:

Würden Sie Ihr Buch und damit Ihr bisheriges Leben eigentlich tauschen wollen?

Anhang

Wo Sie Informationen und Hilfe bekommen

Onlineforen für Betroffene und Angehörige

Informationen für psychisch erkrankte Menschen und Angehörige

→ http://www.psychenet.de/

Angst und Panik: Betroffene

→ http://www.psychic.de/forum/

Depressionen: Betroffene und Angehörige

→ http://www.fideo.de/

→ http://www.forum-depressionen.de/

Störungsübergreifende Foren

→ https://www.hoffnungsschimmer-forum.de/

→ http://www.selbsthilfeforen.de/

Persönlichkeitsstörungen

→ http://www.chaos-linie.de/

Telefonseelsorge

Internetseite

→ http://www.telefonseelsorge.de/

Kostenlose Telefonnummern

→ 0800/1110111

→ 0800/1110222

Familien mit einem psychisch erkrankten Elternteil

CHIMPs-Projekt (Children of mentally ill parents) des Bundesministeriums für Bildung und Forschung mit fünf Zentren in Deutschland (z. B. in Hamburg, Leipzig, Ulm)

Lebenshilfe

Verein Lebenshilfe e.V.
Internetseite:
Wwww.lebenshilfe.de
Telefonnummer:
→ 06421/491-0

Medikamente

Greve, N.; Osterfeld, M.; Diekmann, B. (2017): Umgang mit Psychopharmaka. Köln: BALANCE buch + medien verlag.

Selbsthilfeliteratur: Internetseiten mit Buch- und Filmtipps

→ www.depressionsliga.de/unser-angebot-literatur-ratgeber.html
→ www.deutsche-depressionshilfe.de/stiftung/literatur-zu-depression.php
→ www.rlp-gegen-depression.de/literatur.html
→ www.angst-panik-hilfe.de

Erfahrungsberichte

→ www.deutsche-depressionshilfe.de/stiftung/erfahrungsberichte.php
→ www.therapie.de/psyche/info/ratgeber/interviews/christina-23- verhaltenstherapie/
→ www.buendnis-depression.at/Die-Depression/Erfahrungsberichte

Anlaufstellen

Psychotherapie und Psychotherapeutensuche
→ http://www.bptk.de/service/therapeutensuche.html
→ www.psych-info.de
→ www.psychotherapiesuche.de

Rehakliniken

→ www.rehakliniken.de/rehakliniken/schnellsuche

→ https://suchthilfe.de/tageskliniken/index.html

→ www.der-wegberater.de/suche-burn-out-kliniken/

Für Angehörige

→ www.lapk-hamburg.de/index.php/unser-angebot/beratung/5-beratung-durch-den-lapk

Rüstzeug, Werkzeugkoffer und Stärken – eine kleine Auswahl

Im Folgenden finden Sie eine Sammlung von Rüstzeug und Stärken. Das sind Fähigkeiten und Fertigkeiten, die Sie erlernt haben und die Sie gut können. Sie laufen oft ganz automatisch ab. Manchmal mussten Sie die Stärken auch entwickeln, um mit Situationen und Menschen zurechtzukommen. Im Buch nennen wir das auch Überlebensstrategien. Mehr dazu lesen Sie im Abschnitt »Rüstzeug und Stärken – mit dem Werkzeugkoffer unterwegs« (siehe S. 61 ff.). Sie können die Liste gerne um Ihre Ideen und Erfahrungen ergänzen.

Ressourcen	Kann ich grund-sätzlich	Kann ich (sein), wenn ich möchte
Ich kann einhalten, was ich versprochen habe.		
In schwierigen Situationen kann ich Lösungen entwickeln.		
Ich kann meine Mitmenschen um Hilfe bitten.		
Ich kann über meine Probleme reden.		
Fantasie/Kreativität		
Ich verfüge über materielle Sicherheit.		
Lebenssinn		
Balance zwischen Arbeit und Erholung		
Ich habe ein Hobby.		
Ich kann mich auf Neues einlassen.		

Ressourcen	Kann ich grundsätzlich	Kann ich (sein), wenn ich möchte
Ich habe Humor.		
Ich bin dazu in der Lage, meine Mitmenschen zu lieben.		
Ich kann anderen Menschen und mir selbst verzeihen.		
Ich fühle mich akzeptiert.		
Ich kann Probleme eigenständig bewältigen.		
Ich kann eine Balance zwischen Arbeit und Erholung herstellen.		
Ich kann mich motivieren, um meine Ziele zu erreichen.		
Ich habe Selbstvertrauen.		
Ich kann mich abgrenzen.		
Kommunikationsfähigkeit		
Ich kann gut zuhören.		
Ich habe eine schnelle Auffassungsgabe.		
Ich kann enge Beziehungen eingehen und Nähe zulassen.		
Ich fühle mich fit und vital.		
Ich habe Ziele und Visionen.		

Es gibt ziemlich viele Theorien von Bedürfnissen. Darin finden sich unterschiedliche Formulierungen für dasselbe bzw. ein ähnliches Bedürfnis. Deshalb sind unter den folgenden Überschriften alternative Formulierungen aufgeführt. Schauen Sie einfach, welche Ihnen sprachlich besser im Alltag gefallen.

Physiologische Grundbedürfnisse → Mit den physiologischen Grundbedürfnissen sind alle die gemeint, die unmittelbar etwas mit dem Überleben und seinen Notwendigkeiten zu tun haben. Dazu gehören:

- physische / finanzielle Sicherheit
- Gesundheit / Körper / Psyche / Belastbarkeit
- Zugang zu Ressourcen
- Versorgung von Schmerzen

Bedürfnis nach Bindung → Das Bedürfnis nach Bindung und Verbindung zu anderen Menschen ist tief verankert und beginnt sehr früh, uns zu leiten. Wir sind soziale Wesen und brauchen das Eingebundensein in eine Gemeinschaft. Folgende Formulierungen als Vorschlag:

- sichere Bindung zu anderen Menschen
- Familie
- Bindungsbedürfnis
- Platz in der Gesellschaft
- konstruktiver Austausch / Dialog / Feedback / Kritik
- Verlässlichkeit / Kooperation
- Vertrauen / Rücksichtnahme
- Schutz / Unterstützung / Verständnis / Begleitung
- Teamgeist

Bedürfnis nach Autonomie → Dieses Bedürfnis wird am häufigsten diskutiert. Gibt es das überhaupt oder resultiert es aus der Befriedigung der anderen Bedürfnisse? Entscheiden Sie für sich, ob Sie mit den Vorschlägen etwas anfangen können.

- Kompetenz
- Identitätsgefühl
- Selbststeuerung / Selbstbestimmung

- Platz für verschiedene Sichtweisen / Alternativen
- Beteiligung / Mitbestimmung / Spielraum / Eigenverantwortung
- Fairness / Grundrechte / Gleichberechtigung
- Lernen / Entwicklung / Veränderung
- Normen / Werte / Sinn / Spiritualität
- Ziele / Vision

Bedürfnis nach Orientierung, Kontrolle und Grenzen → Am Anfang des Buches (siehe S. 20 f.) finden Sie wichtige Gedanken zum Thema Kontrolle. Tatsächlich gibt es das Grundbedürfnis nach Kontrollierbarkeit, und genau deshalb finden wir es bei allen Menschen wieder. Alternative Formulierungen sind:

- realistische Grenzen setzen
- Kontrolle selbst innehaben
- affektives Überwachen
- Bedürfnis nach Exploration
- Bedürfnis nach Abgrenzung / Aversivität
- soziale Einpassung
- Identitätsgefühl innerhalb eines sozialen Umfeldes
- Selbststeuerung in der Umwelt
- Normen / Werte / Sinn / Spiritualität
- Rollen, Klarheit, Struktur, Ordnung
- Balance / Angemessenheit
- Wissen, wie ich dran bin / Hintergründe kennen
- Transparenz / Information
- klare Kriterien / Aufgabenteilung / Prioritäten / Zeit
- Qualität / Leistung / Effizienz / Chancen / Konsequenzen
- Nachhaltigkeit / Lösungen / Ergebnisse / Maßnahmen

Bedürfnis nach Selbstwerterhöhung / Selbstwertschutz → Dieses Bedürfnis entdecken wir oft bei Kindern, die sich mit Zeichnungen das Lob von Eltern oder anderen Erwachsenen abholen. Der Selbstwert will gepflegt und gehegt werden, und auch als Erwachsene mögen wir Lob und Anerkennung. Andere Bezeichnungen dafür können sein:

- Freiheit, berechtigte Bedürfnisse und eigene Emotionen auszudrücken / ausdrücken zu dürfen
- Bedürfnis nach Selbstbehauptung

- gesehen / gehört / verstanden werden
- Würde / Wertschätzung / Ansehen / Respekt / Glaubwürdigkeit
- Perspektiven / Förderung / Entlohnung / Aufstieg
- Erfolg / Umsetzung

Bedürfnis nach Lustgewinn / Erholung und Unlustvermeidung → Jeder von uns weiß, dass wir uns zu Dingen, die keinen Spaß machen, nur schwer aufraffen können. Vernunft und ein bisschen Disziplin helfen dabei, die Steuererklärung zu machen oder den Geschirrspüler auszuräumen. Die Unlust steht uns dabei manchmal ins Gesicht geschrieben. Spaß und Freude dagegen leben wir gerne aus, wenn wir die innere Erlaubnis dazu haben. Ein Gleichgewicht zwischen den beiden Polen herstellen zu können, heißt auch, verantwortungsvoll und erwachsen zu sein.

- Spiel und Spontaneität
- Aktivität
- Kreativität
- Motivation
- Bedürfnisse nach sinnlichem Genuss und sexueller Stimulation
- Freizeit / Interessen / Freunde / Inspiration
- Genuss / Entspannung / Leichtigkeit

Konsistenzstreben → Das Konsistenzstreben wird manchmal als ein eigenes Grundbedürfnis ausgeführt. Sie kennen vielleicht das Unbehagen, wenn zwei Bedürfnisse miteinander im Konflikt stehen. Ein Klassiker sind Lustgewinn und Bindung. Spaß an etwas haben, aber der Partner erwartet Pünktlichkeit zu Hause. Den inneren Stress wollen wir vermeiden. Wir streben nach einer möglichen Harmonie zwischen den Bedürfnissen. Grundbedürfnisse sollen möglichst befriedigt werden, ohne miteinander im Konflikt zu stehen.

Anmerkung → Sie können die Ausführungen gern um eigene Formulierungen ergänzen. Eine Grundregel zu den Grundbedürfnissen gibt es: Ist das Bedürfnis gut und ausreichend befriedigt, stellen sich angenehme Gefühle und Wohlbefinden ein. Spüren Sie inneren Stress oder unangenehme Emotionen, dann weist das darauf hin, dass das Bedürfnis oder die dahinterliegenden Bedürfnisse nicht (ausreichend) befriedigt sind oder im Konflikt untereinander stehen.

Ein paar Vorschläge aus dieser Liste sollen Ihnen helfen, Zugang zu einem gesundheitsförderlichen Verhalten zu finden. Sie können diese Liste auch sehr gerne um Ihre Ideen und Erfahrungen ergänzen.

- Achtsamkeit
- Akzeptanz
- Bewegung
- bewusste Auszeiten nehmen
- bewusster Umgang mit Erkrankungen in der Familie
- Bindung
- das Leben bejahen
- Ernährung
- Erziehung
- Fähigkeit, planen zu können
- gute Selbstaufmerksamkeit
- »Ich sorge gut für mich.«
- im Hier und Jetzt leben
- Lernen
- Motivation
- Normen und Werte
- Offenheit
- Optimismus
- Perspektive wechseln
- Schlaf
- Selbstregulation
- Selbstvertrauen
- sich Ausnahmen erlauben
- soziale Kontakte
- Spiritualität
- Stehaufmännchen
- Stressverarbeitung
- Unterstützung einfordern
- Vertrauen
- Vorsorgeuntersuchungen

Ärzte Zeitung Online (2016): Verkleinerter Hippocampus. Die Spur führt in die Kindheit. https://www.aerztezeitung.de/medizin/krankheiten/neuro-psychiatrische_krankheiten/depressionen/article/910744/verkleinerter-hippocampus-spur-fuehrt-kindheit.html?sh=2&h=-1638602492 (26.02.2020).

Benecke, M. (2005): Lachende Wissenschaft: Aus den Geheimarchiven des Spaß-Nobelpreises. Bergisch Gladbach: Bastei Lübbe.

Bohus, M.; Wolf-Arehult, M. (2018): Interaktives Skillstraining für Borderline-Patienten: Das Therapeutenmanual. Stuttgart: Schattauer.

Croft, A.; Schmader, T.; Block, K.; Baron, A. S. (2014): The second shift reflected in the second generation: Do parents' gender roles at home predict children's aspirations? Psychological Science, 25 (7): 1418 – 1428.

Erickson, M. H.; Rossi, E. L. (2016): Hypnotherapie: Aufbau, Beispiele, Forschungen. Stuttgart: Klett-Cotta.

Erikson, E. (1966): Identität und Lebenszyklus. Frankfurt am Main: Suhrkamp.

Freitag, S.; Schmidt, S. (2016): Prevention of frailty through narrative intervention. Social Science & Medicine, 160, 120 – 127.

Furman, B. (2013): Es ist nie zu spät, eine glückliche Kindheit zu haben. Dortmund: Borgmann.

Grabe, M. (2018): Wie funktioniert Psychotherapie? Ein Buch für alle, die es wissen wollen. Stuttgart: Klett-Cotta.

Jungbauer, J.; Heitmann, K. (Hg.) (2018): Unsichtbare Narben: Erwachsene Kinder psychisch erkrankter Eltern berichten. Köln: BALANCE buch + medien verlag.

Juul, J. (2009): Dein kompetentes Kind. Auf dem Weg zu einer neuen Wertgrundlage für die ganze Familie. Reinbek: Rowohlt.

Koschwanez, H. E.; Kerse, N.; Darragh, M.; Jarrett, P.; Booth, R. J.; Broadbent, E. (2013): Expressive writing and wound healing in older adults: A randomized controlled trial. Psychosomatic Medicine, 75 (6), 581 – 590.

Kunzler, A. M.; Gilan, D. A.; Kalisch, R.; Tüscher, O.; Lieb, K. (2018): Aktuelle Konzepte der Resilienzforschung. Der Nervenarzt, 89, 747 – 753.

Lammers, M. (2016): Emotionsbezogene Psychotherapie von Scham und Schuld: Das Praxishandbuch. Stuttgart: Schattauer.

LAMMERS, M.; OHLS, I. (2017): Mit Scham, Schuld und Methode: Ein Selbsthilfebuch. Köln: BALANCE buch + medien verlag.

MONTADA, L.; LINDENBERGER, U.; SCHNEIDER, W. (2012): Fragen, Konzepte, Perspektiven. In: W. Schneider; U. Lindenberger (Hg.): Entwicklungspsychologie. Weinheim, Basel: Beltz, S. 27–60.

MUELLER, P. A.; OPPENHEIMER, D. M. (2014): The pen is mightier than the keyboard: Advantages of longhand over laptop note taking. Psychological Science, 25 (6), 1159–1168.

PHARES, V.; LOPEZ, E.; FIELDS, S.; KAMBOUKOS, D.; DUHIG, A. M. (2005): Are fathers involved in pediatric psychology research and treatment? Journal of Pediatric Psychology, 30 (8), 631–643.

STAHL, S. (2015): Das Kind in dir muss Heimat finden: Der Schlüssel zur Lösung (fast) aller Probleme. München: Kailash Verlag.

Statistisches Bundesamt (2017): Ledige Kinder, die im Haushalt ihrer Eltern leben. Bevölkerung und Erwerbstätigkeit: Haushalte und Familien. 1 (3). www.sozialpolitik-aktuell.de/tl_files/sozialpolitik-aktuell/_Politikfelder/Familienpolitik/Datensammlung/PDF-Dateien/abbVII19.pdf (26.02.2020).

Süddeutsche Zeitung (2015): Kindererziehung – die Macht der Abstammung. https://www.sueddeutsche.de/leben/kindererziehung-die-macht-der-abstammung-1.2323025-2 (19.02.2020).

WEUSTHOFF, S. (2018): Traumafolgeerkrankungen wirken sich auf die gesamte Familie aus. Psychotherapie. Psychosomatik. Medizinische Psychologie, 68 (5), 167–167.

WIEGAND-GREFE, S.; MÖLLER, S. (2012): Die transgenerationale Weitergabe von Kriegserfahrungen aus dem Zweiten Weltkrieg über drei Generationen – eine Betrachtung aus psychoanalytischer Perspektive. Praxis der Kinderpsychologie und Kinderpsychiatrie, 61 (8), 610–622.

WRIGHT, J. H.; BECK, A. T. (1986): Kognitive Therapie der Depression. Verständnis und Therapie der Depression. München: Ernst Reinhardt.

Zeit Online (2018): Zehn Dinge, die Sie über sich wissen sollten. https://www.zeit.de/amp/wissen/2018-07/selbsterkenntnis-psychologie-forschung (26.02.2020).

ZUPP, K.; SIM, E. J.; KIEFER, M.; ZUPP, D. P. K. (2016): Psychobiologische Marker von Depression – Ein kurzer Überblick und Ausblick. Psychobiological markers of depression – A short review and perspective. Nervenheilkunde, 35 (9), 585–589.